EXPERTENBLOGGER

EXPERTENBLOGGER

EXPERTENBLOGGER

Inhalt

Verbessern Sie das Suchmaschinenranking Ihres Blogs

Blog für alle?

Bloggen lernen

Pflegen Sie ein erfolgreiches Blog

Verwalten Sie mehrere Blogs

Überwachen Sie den Blog Ihres Kindes

Optimieren Sie Ihr Blog für Suchmaschinen

Geben Sie eine Bestellung auf, wenn Sie online einkaufen

Produkte zur Erleichterung des Bloggens

Werbung für Ihr Blog

Tipps, um Ihr Blog auf dem neuesten Stand zu halten

Verwendung von Gast-Bloggern

Wenn andere Ihr Blog nicht gutheißen

Was ist ein Blogger?

Ein Blogger ist eine Person - oder eine Gruppe von Personen -, die eine Website oder ein soziales Netzwerk im Internet mit dem Ziel verwaltet, zu unterhalten, zu informieren oder zu verkaufen.

Es ist der Blogger, der den direkten Kontakt mit der Öffentlichkeit pflegt und direkt mit seinen Besuchern kommuniziert.

Ein Blogger kann sich neben der Werbung für Produkte oder Dienstleistungen auch der Veröffentlichung interessanter Inhalte für das spezifische Publikum seines Blogs widmen.

Daher ist ein Blogger eine Person, die sich mit digitalem Marketing oder Content-

Marketing beschäftigen kann (oder auch nicht).

Affiliate-Marketing und Blogs

Affiliate-Marketing ist eine Möglichkeit für Blogger, ihr Blog zur Generierung von Einnahmen zu nutzen. Die Höhe der Einkünfte, die durch ein Blog mit Affiliate-Marketing-Links erzielt werden, kann erheblich variieren, je nach dem Umfang des Datenverkehrs, den das Blog erhält, sowie der vom Affiliate-Marketing angebotenen Vergütung. Beim Affiliate-Marketing geht es im Wesentlichen darum, auf Ihrem Blog einen Link zur Website eines anderen Unternehmens zu erstellen. Das andere Unternehmen entschädigt dann den Eigentümer des Blogs gemäß einem zuvor vereinbarten Vertrag. Diese Entschädigung kann auf verschiedene Weise gewährt werden. Der Blog-Eigentümer kann jedes

Mal, wenn die Anzeige veröffentlicht wird, jedes Mal, wenn ein einzelner Besucher der Website auf die Anzeige klickt oder jedes Mal, wenn ein Blog-Besucher eine gewünschte Aktion ausführt, wie z.B. einen Kauf tätigen oder sich auf der Website registrieren lässt, entschädigt werden. In diesem Artikel werden einige Aspekte des Affiliate-Marketings erörtert, die Blogger verstehen sollten, einschließlich der sorgfältigen Auswahl von Gelegenheiten, der Maximierung des Umsatzpotenzials für diese Gelegenheiten und des Verständnisses der Anforderungen, die mit diesen Affiliate-Marketing-Gelegenheiten verbunden sind.

Auswahl von Affiliate-Marketing-Gelegenheiten

Es steht eine Vielzahl von Affiliate-Marketing-Möglichkeiten zur Verfügung. Viele verschiedene Unternehmen und Websites bieten Affiliate-Marketing-Möglichkeiten an. In den meisten Fällen

muss der Blog-Besitzer lediglich die Adresse seiner Blog-Website zusammen mit einigen anderen grundlegenden Informationen zur Genehmigung einreichen. In den meisten Fällen ist es unwahrscheinlich, dass das Unternehmen den Antrag ablehnt, es sei denn, der Inhalt der Website wird als anstößig erachtet oder steht im Widerspruch zu den Zielen des Unternehmens. Obwohl die Genehmigung zur Anzeige von Affiliate-Links auf Ihrer Website ein ziemlich einfacher Prozess ist, bedeutet dies jedoch nicht, dass Blog-Besitzer diese Affiliate-Marketing-Möglichkeiten ohne Ermessen auswählen sollten. Es ist eine viel bessere Idee, Affiliate-Marketing-Möglichkeiten mit Unternehmen, die für die Zielgruppe des Blogs von Interesse sind, sorgfältig auszuwählen.

Ein gut fokussierter Blog, der ein bestimmtes Zielpublikum erreicht, sollte versuchen, Marketing-Links anzuzeigen, die den Website-Traffic zu Unternehmen lenken, die

den Blog ergänzen, ohne als direkter Konkurrent des Blogs aufzutreten. Dies trägt dazu bei, dass die Blog-Besucher nicht nur an den Affiliate-Marketing-Links interessiert sind und daher eher auf die Links klicken, sondern auch dazu beitragen, dass die Blog-Besucher die Affiliate-Marketing-Links nicht als störend empfinden.

Maximierung der Affiliate-Marketing-Gelegenheiten

Sobald Blog-Eigentümer Affiliate-Marketing-Möglichkeiten ausgewählt haben, ist es an der Zeit zu überlegen, wie sie die durch diese Links generierten Gewinne maximieren können. Es gibt eine Reihe kritischer Faktoren, die Blog-Eigentümer sorgfältig abwägen sollten, um ihren Affiliate-Marketing-Gewinn zu maximieren. Dazu gehört die regelmäßige Bewertung der Effektivität der Affiliate-Links und die Förderung des Blogs, um den Traffic zu maximieren.

Blog-Besitzer, die Affiliate-Marketing in ihren Blog integrieren, sollten die Wirksamkeit der Affiliate-Links regelmäßig bewerten. Dies kann durch einen Vergleich des Prozentsatzes der Blog-Besucher, die auf Affiliate-Links klicken, mit dem gesamten Blog-Traffic erreicht werden. Ein Blog mit viel Verkehr, aber einem relativ kleinen Prozentsatz von Besuchern, die auf die Affiliate-Links klicken, sollte Änderungen in Betracht ziehen, um zu versuchen, mehr Blog-Besucher zum Klicken auf die Links zu bewegen. Diese Änderungen können die Ästhetik, Größe oder Position der Anzeigen betreffen. Es wird empfohlen, immer nur eine Änderung auf einmal vorzunehmen, da es für den Blog-Besitzer einfacher ist, zu beurteilen, welche Änderungen am vorteilhaftesten sind.

Blog-Besitzer können auch dazu beitragen, die Gewinne aus ihren Affiliate-Marketing-Möglichkeiten zu maximieren, indem sie

13

Eigenwerbung machen, um eine zusätzliche Website zum Blog zu machen. Dies dürfte von Vorteil sein, da ein erhöhter Website-Verkehr im Allgemeinen zu höheren Affiliate-Marketing-Gewinnen führt. Darüber hinaus kann der Blog-Eigentümer gelegentlich Unternehmen erwähnen, mit denen sie verbunden sind, um Interesse an den Anzeigen der Website zu wecken.

Verstehen Sie die Anforderungen des Affiliate-Marketings

Schließlich sollten Blog-Besitzer besonders auf die von ihnen unterzeichneten Affiliate-Marketing-Vereinbarungen achten. Dies ist wichtig, da einige Unternehmen die Nutzung eines Links zu ihrer Website einschränken können.

Dazu können Einschränkungen gehören, wie z.B. die Vermeidung anstößiger Inhalte, die Nichtberücksichtigung von Links oder Anzeigen für direkte Konkurrenten oder die Einschränkung des Erscheinungsbildes von Affiliate-Links. Die Nichteinhaltung dieser Richtlinien kann dazu führen, dass der Blog seine Affiliate-Privilegien verliert und dem Blog-Besitzer eine Entschädigung verweigert wird.

Zum Spaß bloggen

Obwohl Blogs für eine Vielzahl anderer Zwecke genutzt werden können, wie z.B. zur Erzielung von Einkommen, zur Förderung einer Sache und zur Bereitstellung von Informationen, gibt es viele Blogger, die das Bloggen einfach deshalb genießen, weil es Spaß macht. Diese Blogger bloggen gerne, um mit Freunden in Kontakt zu bleiben, sich auszudrücken oder wichtige Ereignisse zu verfolgen. In diesem Artikel wird erläutert, wie Blogs für diese Zwecke genutzt werden können.

Bloggen, um mit Freunden in Kontakt zu bleiben

Mit Freunden und Familie in Kontakt zu bleiben, ist nur einer der vielen Gründe,

warum jemand einen Blog starten möchte. Dies ist besonders nützlich für diejenigen, die von ihren Freunden und ihrer Familie getrennt sind. Per Telefon, regelmäßige Besuche und sogar per E-Mail in Kontakt zu bleiben, ist nicht immer einfach. Der Grund dafür ist, dass es schwierig sein kann, über weite Entfernungen hinweg mit mehreren verschiedenen Personen gleichzeitig zu interagieren. Durch die Führung eines Blogs kann eine Person jedoch den Prozess der Kontaktpflege mit Freunden und Familie erheblich vereinfachen, da sie nicht mehr in einzelnen Telefonaten oder E-Mails Informationen wiederholen oder sich die Zeit nehmen muss, mehrere verschiedene Personen zu besuchen.

Durch die Führung eines Blogs kann die Person wählen, ob sie eine Vielzahl von Informationen und Fotos veröffentlichen möchte. Mit diesen Informationen und Fotos kann der Blog-Besitzer andere über aktuelle Ereignisse in seinem Leben auf dem

Laufenden halten. Freunde und Familienangehörige können den Blog nach Belieben einsehen, um sich über wichtige Ereignisse im Leben des Blog-Besitzers zu informieren, und in den meisten Fällen können sie Kommentare an den Blog-Besitzer schicken. Sie können auch Kommentare von anderen lesen. Dies ist vorteilhaft, wenn diejenigen, die den Blog ansehen, einander kennen, denn sie können nicht nur mit dem Blogbesitzer in Kontakt bleiben, sondern haben auch die Möglichkeit, über den Kommentarbereich des Blogs mit anderen Freunden und Verwandten zu kommunizieren.

Blogging als Ausdrucksform

Einige Blogger beginnen das Bloggen als eine Form des Ausdrucks. Sie können Gedichte, Lieder, Geschichten bearbeiten oder sogar den Blog nutzen, um über persönliche oder politische Ereignisse zu berichten. Diese Blogger möchten ihren Blog vielleicht privat

halten oder sie können den Blog der Öffentlichkeit zugänglich machen. Ihren Blog privat zu halten ist ein bisschen wie ein Tagebuch oder Journal zu führen. Es gibt dem Blogger eine multimediale Möglichkeit, sich auszudrücken, ohne das Risiko, dass andere ihre wahren Gefühle, innersten Träume oder Frustrationen entdecken. Andere Blogger entscheiden sich dafür, diese Blogs öffentlich zu machen. Dies kann verschiedene Gründe haben. Indem er diese Gefühle mit anderen teilt, kann der Blogger auf andere zugehen, die vielleicht das gleiche Interesse wie er haben.

Blogger, die ihren Blog als eine Form der Selbstdarstellung nutzen, sollten vorsichtig sein und die Entscheidung, einen Blog zu veröffentlichen, in Erwägung ziehen. Dies ist wichtig, weil der Eigentümer des Blogs zunächst vielleicht kein Problem darin sieht, anderen seine persönlichen Gedanken zugänglich zu machen. Im Laufe der Zeit wird ihnen jedoch vielleicht klar, dass ihr

Blog für andere beleidigend sein könnte oder Probleme verursachen könnte, wenn Freunde oder Familie es sehen.

Bloggen, um die Ereignisse zu verfolgen

Ein weiterer häufiger Grund für das Bloggen ist es, wichtige Ereignisse zu verfolgen. Beispiele für einige Arten von Ereignissen, die ein Blogger dokumentieren möchte, sind eine Schwangerschaft, eine Hochzeit, ein Urlaub, ein Sportereignis oder der Abschluss von Schulveranstaltungen. Die Verwendung von Blogs zur Verfolgung dieser Ereignisse gibt dem Blogger die Möglichkeit, tägliche Ereignisse an einem einfachen Ort festzuhalten, wo er leicht auf den Blog zurückblicken oder die Beiträge mit anderen teilen kann, die an den Ereignissen interessiert sein könnten. In diesen Fällen kann der Blog als eine Art Sammelalbum

dienen, in dem Ereignisse dokumentiert werden, sobald sie eintreten. Der Blog-Eigentümer kann so oft posten, wie er möchte, und kann wählen, ob er Artikel wie Fotos, Musik, Audio- und Videodateien in den Blog aufnehmen möchte. Der Blog kann auch so gestaltet werden, dass er die zu dokumentierenden Ereignisse aufnimmt. Beispielsweise kann eine Zeitschrift, die einen Urlaub repräsentiert, Hintergründe, Schriftarten und Farben haben, die den Urlaubsort repräsentieren, während ein Schwangerschafts-Blog Elemente enthalten kann, die Schwangerschaft, Babys und Elternschaft repräsentieren.

Mit Gewinn bloggen

Blogs werden zu einer immer beliebteren Möglichkeit für Unternehmer, ihren Lebensunterhalt online zu verdienen und gleichzeitig etwas zu tun, was ihnen wirklich Spaß macht. In vielen Fällen können Blogger mit sehr geringem Aufwand einen Gewinn erzielen. Es mag anfangs etwas Arbeit damit verbunden sein, eine Methode zu entwerfen, um Einkommen zu erzielen und die Website zu bewerben, aber wenn dies erst einmal etabliert ist, kann die bloße Unterhaltung des Blogs mit Zeitschriften ausreichen, um das Einkommen aufrechtzuerhalten. Zwei der beliebtesten Methoden zur Erzielung eines Gewinns aus Blogs sind Werbemethoden. Dazu gehören die Werbung mit AdSense und die Gewinnung unabhängiger Werbekunden. In diesem Artikel werden diese beiden

Methoden der Werbung in einem Blog diskutiert.

Mit AdSense Einnahmen generieren

Die Verwendung von AdSense ist eine der beliebtesten Möglichkeiten für Blogger, mit ihrem Blog Einnahmen zu erzielen. Diese Methode ist sehr beliebt, weil sie auch sehr einfach ist. AdSense ist ein von Google angebotenes Programm, bei dem sich Blogger damit einverstanden erklären, dass auf ihrer Website Anzeigen geschaltet werden, und eine Entschädigung erhalten, wenn Nutzer auf diese Anzeigen klicken. Blogger müssen lediglich einen Blog erstellen und die Adresse der Website des Blogs sowie weitere Informationen einreichen, um sich für die Teilnahme an AdSense zu bewerben. Sobald ein Blog genehmigt ist, erhält der Eigentümer einen Code, den er einfach kopieren und einfügen kann, um Anzeigen in seinem Blog anzuzeigen. Google schaltet dann bei jedem Zugriff auf den Blog entsprechende

Anzeigen. Wann immer möglich, stehen die im Blog geschalteten Anzeigen in engem Zusammenhang mit dem Inhalt des Blogs, da Google die Website im Voraus durchsucht, um festzustellen, welche Anzeigen für den Content relevant sind. Blog-Eigentümer haben die Möglichkeit, die Arten von Anzeigen, die im Blog erscheinen dürfen, in gewissem Umfang einzuschränken. Beispielsweise kann der Blog-Besitzer festlegen, dass Anzeigen für Erwachsene nicht im Blog erscheinen und Google diese filtert.

Wie Werbeeinnahmen auf einem Blog Einnahmen generieren

Viele Blogger nutzen Anzeigen in ihren Blogs, um Einnahmen zu erzielen. Diese Art der Werbung ist schwieriger als die Verwendung von AdSense, kann aber für den Blogger finanziell wesentlich vorteilhafter sein. Diese Art der Werbung ähnelt der Art der gezielten Werbung, die

häufig in Zeitschriften zu sehen ist. Zum Beispiel finden sich in Elternmagazinen oft Anzeigen, die Eltern ansprechen, wie z.B. Anzeigen für Spielzeug, Kinderkleidung oder bei Kindern beliebte Lebensmittel. In ähnlicher Weise kann ein Laufmagazin Anzeigen für Schuhe, Sportbekleidung, Renn- oder Trainingsgeräte enthalten. In diesen Fällen bezahlen die Inserenten für den Anzeigenraum in der Zeitschrift in der Hoffnung, dass das Publikum der Zeitschrift nach dem Erscheinen dieser Anzeigen zum Kauf von Produkten oder Dienstleistungen angeregt wird.

Blog-Besitzer können diese Art der Werbung nutzen, aber es kann schwierig sein, willige Werbekunden zu finden. Es gibt jedoch einige Faktoren, die die Bereitschaft eines Inserenten erhöhen können, eine Anzeige in einem Blog erscheinen zu lassen. Einer der wichtigsten Faktoren für Werbetreibende ist der Umfang des Datenverkehrs, den der Blog erhält. Dies ist wichtig, weil Werbetreibende,

die für Werbeplatz bezahlen, eher in ein Blog mit viel Traffic investieren als in eines mit sehr wenig Traffic.

Ein weiterer wichtiger Faktor für Werbetreibende ist der Fokus des Blogs. Werbetreibende kaufen eher Werbeflächen von einem Blog mit einem spezifischen Interessenschwerpunkt für die Zielgruppe des Werbetreibenden. Wie die oben aufgeführten Beispiele aus Eltern- und Laufmagazinen wollen Werbetreibende in einem Blog werben, der bereits die gleiche Zielgruppe erreicht.

Blogger, die Werbung auf ihrer Website einsetzen, können auf verschiedene Weise entschädigt werden. Einige Inserenten zahlen möglicherweise eine Pauschalgebühr für die Veröffentlichung der Anzeige auf der Website für einen bestimmten Zeitraum oder für eine bestimmte Anzahl von Seitenaufrufen. Das bedeutet, dass der Inserent Platz für eine bestimmte Anzahl von

Tagen, Wochen oder Monaten kaufen kann oder Platz für eine bestimmte Anzahl von Malen kaufen kann, die die Anzeige den Website-Besuchern zugestellt wird.

Alternativ kann der Werbetreibende den Blogger je nach der Häufigkeit bestimmter Aktionen entschädigen. Dazu können Benutzer gehören, die auf die Anzeige klicken oder einen Kauf tätigen, nachdem sie auf die Anzeige geklickt haben. Die Art der angebotenen Vergütung muss im Voraus zwischen dem Blogger und dem Inserenten ausgehandelt werden, um eine faire Zahlungsmethode festzulegen.

Bloggen in einem sozialen Netzwerk

Blogs werden immer beliebter, und auch soziale Netzwerke werden immer beliebter. Zu den sozialen Netzwerken gehören beliebte Websites wie MySpace.com, wo Benutzer persönliche Websites erstellen und mit anderen Benutzern interagieren können. Diese Websites können eine breite Palette von Komponenten wie Text, Bilder, Audio, Video und Blogs enthalten. Hier können die Nutzer des Systems ihre Meinung äußern, ihr Leben auf den neuesten Stand bringen, Informationen über aktuelle Ereignisse anbieten oder eine Reihe anderer Ziele erfüllen. Blogger, die ein soziales Netzwerk zur Pflege ihres Blogs nutzen, müssen jedoch einige andere Faktoren berücksichtigen. In diesem Artikel werden einige dieser Faktoren

erörtert, darunter die Frage, ob Blogs der Öffentlichkeit zugänglich sind oder ob sie privat gehalten werden, unter Berücksichtigung des Publikums des Blogs und des Umgangs mit Belästigung durch das Blog.

Blogs privat oder öffentlich machen

Die meisten sozialen Netzwerke ermöglichen es Benutzern, ihre Website privat oder öffentlich zu machen. Private Websites stehen nur dem Benutzer und anderen Benutzern zur Verfügung, denen Sie ausdrücklich die Ansicht Ihrer Website gestatten, während öffentliche Websites allen Benutzern des Systems zur Verfügung stehen. Dieselben Fähigkeiten gelten auch für Blogs, die in einem sozialen Netzwerk gepflegt werden. Aus diesem Grund müssen Blogger entscheiden, ob sie wollen, dass ihre Blog-Beiträge dem gesamten sozialen Netzwerk oder nur einem Bruchteil dieses Netzwerks zur Verfügung stehen oder nicht.

Diese Entscheidung wird weitgehend auf einer Frage der persönlichen Präferenz beruhen. Soziale Netzwerke können recht umfangreich sein, und einige Blogger befürchten vielleicht, dass ihr Blog einem so großen Publikum zur Verfügung stehen wird, während andere Blogger vielleicht keine Bedenken hinsichtlich der Größe des potenziellen Publikums haben. Blogger sollten diese Option sorgfältig erwägen, bevor sie sich ein Blog ansehen, aber sie haben immer die Möglichkeit, diese Einstellung nach der Einrichtung des Blogs zu ändern, wenn sie ihre Meinung über die ursprünglich getroffene Wahl ändern.

In Anbetracht des Publikums des Blogs

Blogger, die ein soziales Netzwerk zur Pflege eines Blogs nutzen, sollten auch das potenzielle Publikum für den Blog sorgfältig abwägen. Die meisten sozialen Netzwerke

umfassen einen breiten Querschnitt der breiten Öffentlichkeit. Daher sollten Blogger dieses Publikum bei der Veröffentlichung eines Blogs berücksichtigen und überlegen, wie die Öffentlichkeit die Blog-Einträge interpretieren wird. Auch wenn es nie zu vermeiden sein wird, alle potenziellen Zuhörer zu beleidigen, könnten einige Blogger zumindest versuchen, sicherzustellen, dass die von ihnen veröffentlichten Blog-Beiträge für alle Mitglieder des sozialen Netzwerks geeignet sind. Wenn dies nicht möglich ist, kann der Blogger erwägen, den Blog privat zu machen.

Umgang mit Mobbing durch den Blog

Ein weiterer Aspekt, den Blogger, die ein soziales Netzwerk zur Veröffentlichung ihres Blogs nutzen, beachten sollten, ist die mögliche Belästigung anderer Mitglieder durch den Blog. Dies kann in Form von beleidigenden Kommentaren geschehen, die

als Antwort auf Blog-Einträge veröffentlicht werden. Je nach dem Grad der Belästigung kann sich der Blogger entscheiden, diese Kommentare zu ignorieren oder härtere Maßnahmen zu ergreifen. Blogger sollten die Richtlinien des sozialen Netzwerks überprüfen und ihre Hilfe im Umgang mit der Belästigung durch andere Nutzer in Anspruch nehmen. In den meisten Fällen kann der Umgang mit dem Problem so einfach sein wie das Blockieren von Kommentaren des Benutzers im Blog, aber in einigen Fällen kann es notwendig sein, die Administratoren sozialer Netzwerke zu kontaktieren, um zu versuchen, den Benutzer aus dem System zu werfen. In dieser Situation überprüfen die Administratoren die Situation und entscheiden, ob der Benutzer gegen die Nutzungsbedingungen verstoßen hat oder nicht.

Blogging-Software

Da Blogs immer beliebter werden, wächst auch der Bedarf an Software, die den Blogging-Prozess vereinfacht. Es gibt jedoch viele verschiedene Softwarepakete, die die Auswahl eines Pakets überwältigend erscheinen lassen können. Die Auswahl eines Softwarepakets muss jedoch nicht schwierig sein. Blogger können Websites finden, die Vergleichstabellen für verschiedene Softwarepakete für den einfachen Entscheidungsfindungsprozess bereitstellen. Diese Diagramme können dem Blogger viel Zeit und Mühe ersparen, weil sie viele Informationen an einem bequemen Ort sammeln. Möglicherweise benötigt der Blogger noch zusätzliche Informationen, bevor er diese Vergleichstabellen zur Entscheidungsfindung verwendet. Der Artikel enthält Informationen über einige

dieser zusätzlichen Informationen, die nützlich sein können, wie z.B. das Verständnis der Vergleichstabellen, Methoden zum Vergleich von Softwarepaketen und Tipps zur Auswahl eines Blog-Softwarepakets.

Blogging-Software-Kriterien

Diejenigen, die daran interessiert sind, einen Blog zu starten oder zu unterhalten, sollten die Blog-Software-Kriterien vollständig verstehen, bevor sie versuchen, Software-Pakete zu vergleichen. Zu den Kriterien, die es zu verstehen gilt, gehören Mindestanforderungen an Server, Datenspeicherung und Post-Editor. Das Verständnis dieser Kriterien ist entscheidend für den Prozess des Vergleichs und der Auswahl von Blog-Softwarepaketen.

Die Mindestanforderungen an den Server beziehen sich auf die Mindestanforderungen

an den Server, auf dem die Software installiert werden soll. In den meisten FÃ?llen ist die Leistung und Geschwindigkeit des Servers nicht relevant, sondern hÃ?ngt von der Leistung und Geschwindigkeit der Software ab, die fÃ?r das ordnungsgemÃ?ÃŸe Funktionieren der Blog-Software erforderlich ist. Mit dieser Software können zusätzliche Kosten sowie zusätzliche Lizenzanforderungen verbunden sein.

Die Datenspeicherung ist auch ein wichtiger Teil der Evaluation von Blog-Softwarepaketen. Dies kann Optionen wie eine flache Datei, eine Datendatei oder eine Datenbank umfassen. Eine flache Datei bezieht sich auf Speicheroptionen, bei denen die gesamte Seite jedes Mal extrahiert wird, wenn ein Browser den Blog anfordert. Eine Datendatei bezieht sich auf Situationen, in denen die Blog-Daten in eine Vorlage eingefügt werden, wenn ein Browser den Blog anfordert. Eine Datenbank bezieht sich

auf Speicheroptionen, bei denen die erforderlichen Informationen aus einer flachen Datei extrahiert und in eine Vorlage eingefügt werden, wenn ein Browser den Blog anfordert.

Der Herausgeber von Beiträgen ist ein weiteres Kriterium, das ein Blogger vor der Auswahl von Blog-Software sorgfältig prüfen sollte. Der Post-Editor bezieht sich auf die Art des Editors, mit dem die im Blog aufgelisteten Posts fertiggestellt werden. Diese Eingabemethoden können Optionen wie HTML oder JAVA enthalten.

Vergleich von Blogging-Software-Paketen

Blogger, die nach einem Blog-Softwarepaket suchen, sollten die verschiedenen verfügbaren Softwarepakete sorgfältig vergleichen. Dies ist wichtig, weil offensichtlich einige Softwarepakete anderen überlegen sind. Es ist auch deshalb wichtig,

weil einige Softwarepakete möglicherweise besser auf die Bedürfnisse eines bestimmten Blogs zugeschnitten sind als andere Pakete. Beim Vergleich von Blog-Softwarepaketen ist es wichtig, dass der Blogger zunächst sorgfältig die Bedürfnisse des Blogs berücksichtigt. Dies ist wichtig, weil es dem Blogger helfen wird zu erkennen, welche Kriterien für seinen oder ihren speziellen Blog am relevantesten sind.

Auswählen von Blogging-Software-Paketen

Nach sorgfältiger Bewertung der Blog-Softwarepakete ist es an der Zeit, dass der Blogger eine Entscheidung trifft und eines der verfügbaren Pakete auswählt. Im Idealfall hat der Blogger bereits wichtige Daten wie Speicherplatz, Serveranforderungen und Post-Editoren verglichen. Der Blogger sollte jedoch auch andere Faktoren wie Kosten und Vielseitigkeit berücksichtigen. Viele Blogging-Softwarepakete sind kostenlos

erhältlich, während es einige gibt, die käuflich erworben werden können. Der Blogger wird zu entscheiden haben, ob es sich lohnt, ein Softwarepaket zu kaufen oder nicht, oder ob freie Softwarepakete seinen Blogging-Bedürfnissen entsprechen.

Nach Abwägung der Kriterien und Kosten der Software sollte der Blogger in Erwägung ziehen, Beispielblogs anzusehen, die mit einem bestimmten Softwarepaket erstellt wurden. Dies ist eine gute Idee, da diese Beispiele einen guten Hinweis auf die Fähigkeiten der Software geben können. Denn im Allgemeinen gilt: je höher die Qualität der Proben, desto größer die Möglichkeiten der Software.

Bloggen, um eine Sache zu fördern

Während viele Blogger ein Blog aus persönlichen oder sozialen Gründen oder zur Erzielung von Einkommen unterhalten, gibt es andere Blogger, die ihre Blogs zur Förderung einer Sache nutzen. Diese Blogs können auf ein bestimmtes politisches oder soziales Anliegen ausgerichtet sein, abhängig von den Interessen des Bloggers sowie von der Ansicht des Bloggers, dass der Blog die von ihm angestrebten politischen oder sozialen Veränderungen herbeiführen kann. Blogs, die sich der Förderung eines bestimmten Anliegens verschrieben haben, können mehr Widrigkeiten erleiden als Blogs mit einem leichteren Thema, aber sie können auch sehr effektiv sein. Blog-Besitzer, die sich dafür entscheiden, diese Art von Blog zu

führen, sollten sich jedoch über die Auswirkungen dieser Art von Blog im Klaren sein. Beispielsweise können Blog-Besitzer negative Kommentare von Blog-Lesern erhalten, die mit der Ursache nicht einverstanden sind. In diesem Artikel werden einige Tipps zur Auswahl eines Anlasses für einen Blog und zur Werbung für den Blog bei interessierten Besuchern gegeben.

Auswählen einer Ursache für ein Blog

Die Auswahl eines Grundes für einen Blog kann von extrem einfach bis unglaublich schwierig sein. Die Schwierigkeit, diese Entscheidung zu treffen, wird weitgehend von den persönlichen Überzeugungen des Blog-Besitzers abhängen. Ein Blog-Eigentümer, der sich bereits für eine bestimmte Sache engagiert, wird diese Entscheidung wahrscheinlich ziemlich einfach finden, während Blog-Eigentümer, die keine starken sozialen oder politischen

Überzeugungen haben oder die eine Vielzahl von Anliegen haben, die sie fördern wollen, diese Entscheidung ziemlich schwierig finden werden. Es gibt jedoch einige Faktoren, die der Blog-Eigentümer sorgfältig abwägen sollte, bevor er einen Anlass für die Werbung in einem Blog auswählt.

Zunächst sollte der Blog-Besitzer ein Thema auswählen, für das er bereits genug Wissen besitzt oder bereit ist, viel zu recherchieren. Dies ist wichtig, da der Blog-Besitzer regelmäßig Blogeinträge veröffentlichen muss. Diese Blog-Einträge müssen genau und informativ für den Leser sein. Daher sollte der Blog-Besitzer mit dem Thema gut vertraut oder zumindest daran interessiert sein, mehr darüber zu erfahren.

Blog-Besitzer sollten auch sorgfältig das Potenzial zur Beeinflussung von Blog-Besuchern im Hinblick auf das Thema des Blogs prüfen. Auch wenn es nicht möglich sein wird, alle Blogbesucher davon zu

überzeugen, an die vom Blog geförderte Sache zu glauben, sollte der Blogbesitzer ein Thema wählen, von dem er sicher ist, dass es die Blogbesucher beeinflusst, damit sie den im Blog vertretenen Ansichten zustimmen.

Werbung für den Blog bei interessierten Besuchern

Sobald der Blog-Besitzer sich für ein Thema für den Blog entschieden hat, ist es an der Zeit herauszufinden, wie der Blog beim Zielpublikum beworben werden kann. Dies kann auf verschiedene Weise erreicht werden. Der Kürze halber wird in diesem Artikel die Förderung eines Blogs durch Suchmaschinenoptimierung und die Förderung eines Blogs durch die Teilnahme an relevanten Foren diskutiert.

Suchmaschinenoptimierung ist ein sehr effektiver Weg, ein Blog zu fördern. Diese Praxis beinhaltet Bemühungen, die Rankings

in den Suchmaschinen zu erhöhen, um sicherzustellen, dass interessierte Internetnutzer auf den Blog geleitet werden. Dies kann auf verschiedene Weise geschehen, u.a. durch die sorgfältige Verwendung geeigneter Schlüsselwörter, die angemessene Verwendung von Tags wie Titel- und Bild-Tags und die Generierung von Backlinks zum Blog. All diese Bemühungen können dazu beitragen, die Suchmaschinenplatzierungen zu verbessern, was auch den Blogverkehr verbessern sollte.

Blog-Besitzer können ihren Blog auch durch die Teilnahme an relevanten Foren und Message Boards bewerben. Der Blog-Eigentümer kann einfach an diesen Foren teilnehmen und relevante Informationen zur Verfügung stellen, während er einen Link zum Blog in seine Signatur aufnimmt. Andere Forenbenutzer werden wahrscheinlich auf den Link klicken, wenn der Blog-Eigentümer innerhalb des Forums

respektiert wird. Der Blog-Eigentümer kann sogar einen Link zu seinem Blog in den Hauptteil der Forumsbeiträge einfügen, wenn dies nach den Richtlinien des Message Boards angemessen und akzeptabel ist.

Bloggen mit Wordpress

Wordpress ist eine der vielen Optionen, die Bloggern zur Verfügung stehen, die auf der Suche nach freier Software im Internet sind, und macht es unglaublich einfach, ein eigenes Blog zu veröffentlichen. Diese Software ist einfach zu bedienen, bietet eine Vielzahl von Vorlagen und bietet ausgezeichnete Unterstützung für Blogger. Bloggern stehen viele Optionen zur Verfügung, und andere Blogging-Programme sind vielleicht besser bekannt und bieten etwas andere Funktionen, aber viele Blogger sind mit Wordpress recht zufrieden. Dieser Artikel enthält nützliche Informationen für Blogger, die erwägen, einen Blog mit Wordpress zu starten, wie z.B. Gründe für die Wahl von Wordpress, Tipps zum Starten eines Blogs und Informationen über die von Wordpress angebotene Unterstützung. Auf

der Grundlage dieser Informationen sowie Ihrer eigenen Recherchen können Blogger entscheiden, ob Wordpress das Richtige für sie ist oder ob sie sich nach einem anderen Blog-Netzwerk umsehen sollten.

Gründe für die Wahl von Wordpress

Es gibt viele gute Gründe, Wordpress zu wählen, um einen Blog zu starten. Einige dieser Gründe sind neben anderen großartigen Funktionen eine Vielzahl von Vorlagen, die Möglichkeit, Beiträge leicht zu kategorisieren und zu kennzeichnen, Funktionen wie Rechtschreibprüfung, Vorschau und automatische Speicherung, die Möglichkeit, Text-, Audio- und Videodateien zu veröffentlichen, eine Vielzahl von Datenschutzoptionen und die Möglichkeit, blogbezogene Statistiken zu verfolgen. Einige dieser Funktionen mögen für einige Blogger wichtiger sein als für andere, so dass die Entscheidung, ob Wordpress das Richtige für Sie ist, weitgehend von Ihren persönlichen

Vorlieben abhängt. Zum Beispiel können Blogger mit wenig oder keiner Programmiererfahrung die große Anzahl der in Wordpress verfügbaren Vorlagen nutzen, während Blogger, die sich über Datenschutzfragen Gedanken machen, vielleicht mehr an den über Wordpress verfügbaren Datenschutzoptionen interessiert sind. Eine sorgfältige Untersuchung dieser Funktionen wird Bloggern helfen, zu entscheiden, ob sie einen Blog mit Wordpress starten sollten.

Einen Blog mit Wordpress starten

Blogger, die sich dafür entscheiden, einen Blog mit Wordpress zu starten, werden sicherlich nicht enttäuscht sein, wie viel Zeit es dauert, einen Blog zu starten. Ein Blogger kann einen Blog mit Wordpress buchstäblich in Minutenschnelle starten. Dies ist von enormer Bedeutung für Blogger, die gerne anfangen und sich nicht mit dem langwierigen Prozess der Gründung eines

Blogs beschäftigen wollen. Die einzigen Voraussetzungen für den Start eines Blogs sind eine gültige E-Mail-Adresse und ein Benutzername. Der Blogger gibt diese Informationen auf der Registrierungsseite ein und erhält fast sofort ein Passwort. Dann muss der Blogger nur noch seine E-Mail überprüfen, dem angegebenen Aktivierungslink folgen und das angegebene Passwort verwenden, und der Vorgang ist abgeschlossen. Der Blogger kann sofort mit dem Bloggen beginnen.

Unterstützung durch Wordpress

Für viele erstmalige Blogger ist die Art der angebotenen Unterstützung sehr wichtig. Dies liegt daran, dass erstmalige Blogger viele Fragen zum Prozess der Einrichtung eines Basis-Blogs haben können, und sobald sie ein Basis-Blog eingerichtet haben, können sie zusätzliche Fragen zur Verwendung erweiterter Funktionen und zur Anpassung

des Blogs haben. Wordpress bietet eine große Unterstützung für Blogger auf allen Ebenen.

Die von Wordpress angebotene Unterstützung umfasst die Möglichkeit, Kontakt mit Support-Mitarbeitern aufzunehmen, sowie die Möglichkeit, über Online-Foren Unterstützung von anderen Mitgliedern zu erhalten. Obwohl das Supportpersonal unglaublich ansprechbar ist, genießen einige Blogger die Möglichkeit, in Foren mit anderen Bloggern zu kommunizieren. Das liegt daran, dass die Foren 24 Stunden am Tag aktiv sind und Blogger jederzeit Unterstützung von Gleichgesinnten finden können.

Blogging-Karrieren

Viele freiberufliche Schriftsteller beginnen zu erkennen, dass Blogs eine der neuesten Karrieremöglichkeiten sind, die ihnen zur Verfügung stehen. Blogging ist im Wesentlichen eine Reihe von Publikationen zu einem bestimmten Thema, die in umgekehrter chronologischer Reihenfolge aufgelistet sind. Diese Blogs können sich mit einer Vielzahl verschiedener Themen befassen und können persönlich, politisch, informativ, humorvoll oder in jeder anderen vom Blogger gewünschten Kategorie sein. Der Schlüssel zu einem erfolgreichen Blog ist jedoch ein Blog, das ein Thema behandelt, das ein breites Publikum anspricht. Darüber hinaus sollte der Blog regelmäßig aktualisiert werden und den Lesern des Blogs nützliche Inhalte bieten. Dieser Artikel informiert über Karrieremöglichkeiten beim Bloggen,

diskutiert die Vorteile dieser Art von Karriere und gibt Informationen darüber, wie Schriftsteller ein Blog erfolgreich führen können.

Karrieremöglichkeiten im Blogging finden

Obwohl die Karrieremöglichkeiten beim Bloggen immer beliebter werden, sind sich viele Autoren nicht bewusst, wie sie diese wunderbaren Möglichkeiten finden können. Diese Karrieremöglichkeiten können als Ghostwriting-Positionen oder als Positionen angeboten werden, die ein Profil für den Schriftsteller bieten, und das Auffinden dieser Blog-Möglichkeiten ist oft sehr ähnlich dem Auffinden anderer Karrieremöglichkeiten für Schriftsteller. Unternehmen, die einen Blogger suchen, können das Stellenangebot auf die gleiche Weise veröffentlichen, wie sie auch andere offene Stellen im Unternehmen veröffentlichen würden, z.B. Buchhaltungspositionen oder Stellen in der

Verwaltung. Daher sollten Schriftsteller, die an einer Stelle als Blogger interessiert sind, dieselben Websites für die Stellensuche nutzen, auf die sie sich verlassen, um andere Karrieremöglichkeiten zu finden.

Blogger können auch Karriere-Websites und Message Boards besuchen, die sich ausschließlich auf Karriere-Blogs konzentrieren. Die Website ProBlogger.net ist nur ein Beispiel für eine Website, die ausschließlich dazu dient, Blogger mit denen in Verbindung zu bringen, die daran interessiert sind, einen Autor für ein bestimmtes Blog zu engagieren. Interessierte Blogger sollten auch in Betracht ziehen, Foren für diejenigen beizutreten, die ihren Lebensunterhalt mit dem Bloggen verdienen. Dies kann von Vorteil sein, da Blogger hier wahrscheinlich Informationen über die Unternehmen, für die sie arbeiten, sowie alle Informationen über Unternehmen, die derzeit versuchen, Blogger einzustellen, weitergeben.

 EXPERTENBLOGGER

Die Vorteile einer Karriere im Blogging

Es gibt viele Vorteile, eine Karriere im Blogging zu verfolgen. Einer der vielleicht attraktivsten Vorteile einer Blogging-Karriere ist, dass die Arbeit in der Regel als Telearbeitsplatz erledigt werden kann. Denn solange der Blogger Zugriff auf die Software hat, die er zum Schreiben und Hochladen eines Blogs benötigt, ist es nicht notwendig, dass er die Arbeit von einem bestimmten Ort aus erledigt. Das bedeutet, dass der Blogger praktisch überall auf der Welt wohnen kann und die notwendige Arbeit wahrscheinlich von zu Hause aus erledigen kann. Allerdings sind nicht alle Blogging-Positionen Telearbeitspositionen. Einige Unternehmen verlangen von den Bloggern möglicherweise, dass sie die Arbeit vor Ort nach persönlicher Vorliebe ausführen.

EXPERTENBLOGGER

Ein weiterer Vorteil einer Blogging-Karriere ist die Möglichkeit, die Arbeit in einem für den Blogger angenehmen Tempo zu erledigen. Es kann erforderlich sein, dass der Blogger regelmäßig einen neuen Blog-Beitrag hochladen muss, aber das eigentliche Schreiben der Beiträge kann dann erfolgen, wenn es für den Blogger angemessen ist. Viele Blogging-Softwarepakete ermöglichen es dem Blogger, eine bestimmte Zeit für das Hochladen eines bestimmten Beitrags festzulegen. Dies ermöglicht es dem Blogger, mehrere Beiträge auf einmal zu schreiben und sie nach einem vorgegebenen Zeitplan zu veröffentlichen.

Zeit zum Bloggen finden

Eines der Probleme vieler Blogger ist es, die Zeit zum Bloggen zu finden. Dies ist

54

besonders schwierig, wenn der Blogger mehrere Blogs unterhält oder wenn der Blogger ein Blog über aktuelle Ereignisse führt, in dem die Beiträge zeitnah sein müssen, um für die Leser relevant und interessant zu sein. Das Schreiben von Blog-Beiträgen in Stapeln und die zeitliche Planung ihrer Veröffentlichung nach Bedarf ist eine Möglichkeit, mit der Verwaltung mehrerer Blogs umzugehen. Autoren von Blogs zu aktuellen Veranstaltungen sollten jedoch besonders darauf achten, ihre Zeit vernünftig zu planen, um sicherzustellen, dass sie aktuelle Blog-Beiträge veröffentlichen. Eine Möglichkeit, dies zu erreichen, besteht darin, sich jeden Tag Zeit zu nehmen, um aktuelle Ereignisse zur Inspiration zu lesen und dann Zeit zum Schreiben und Posten des Blogs einzuplanen. Ein Blogger mit einem Blog über aktuelle Ereignisse könnte sich beispielsweise dafür entscheiden, die Nachrichten des Vortags

 EXPERTENBLOGGER

gleich morgens durchzusehen, um sicherzustellen, dass er oder sie alle relevanten Nachrichten des Vortags durchsieht, bevor er oder sie den Blog-Eintrag schreibt.

Umgang mit Kommentaren in Ihrem Blog

Die meisten Blogs erlauben es den Blog-Besuchern, Kommentare zu jedem der Blog-Einträge zu veröffentlichen. Diese Kommentare können aus dem Blog-Beitrag stammen oder völlig ohne Bezug zum Blog-Beitrag sein. Die Kommentare können auch positiver oder negativer Natur sein. Unabhängig von der Art des Kommentars, den ein Besucher hinterlässt, kann sich der Blogger dafür entscheiden, diese Kommentare auf verschiedene Weise zu behandeln. Der Blogger kann auf diese Kommentare antworten, einzelne Besucher daran hindern, in Zukunft Kommentare zu hinterlassen, oder administrative Funktionen

nutzen, um Kommentare zu entfernen oder den Blog so einzurichten, dass eine Genehmigung der Kommentare erforderlich ist, bevor sie im Blog veröffentlicht werden. In diesem Artikel wird jede dieser Optionen für den Umgang mit Kommentaren in einem Blog ausführlicher diskutiert.

Auf Kommentare in Ihrem Blog antworten

Blogger, die Kommentare zu ihrem Blog erhalten, möchten vielleicht auf diese Kommentare antworten. Die meisten Blog-Programme erlauben es dem Blogger, Kommentare in seinem eigenen Blog zu veröffentlichen, so dass er direkt antworten kann. Mit dieser Funktion kann ein Blogger mit einer Reihe verschiedener Situationen umgehen, darunter negative Kommentare, positive Kommentare und Fragen. Blogger, die negative Kommentare zu ihrem Blog erhalten, können sich dafür entscheiden, auf diese Kommentare direkt mit einer Gegendarstellung der negativen

Kommentare zu antworten. Dies ermöglicht es dem Blogger, die Kritik zu würdigen und seinen ursprünglichen Beitrag zu verteidigen. Blogger, die positive Kommentare erhalten, können auch auf diese Kommentare reagieren, um sich bei den Besuchern für das Lob zu bedanken. Sogar andere Blogger können Kommentare erhalten, die eine Frage zum Blogbeitrag oder zum Blogger selbst stellen. Blogger können sich dafür entscheiden, diese Fragen zu beantworten, um eine bessere Beziehung zu den Besuchern des Blogs aufzubauen.

Sperren von Kommentaren einzelner Besucher

Eine weitere Möglichkeit, mit negativen Blog-Kommentaren umzugehen, besteht darin, Kommentare von einzelnen Besuchern des Blogs zu blockieren. In den meisten Fällen werden Blogger die Möglichkeit haben, einen bestimmten Benutzer zu bloggen, so dass dieser keine Kommentare

im Blog hinterlässt. Möglicherweise möchte der Blogger diese Option in Situationen nutzen, in denen die Kommentare der Blogbesucher extrem gemein sind. Der Blogger kann auch einzelnen Besuchern des Blogs verbieten, Kommentare abzugeben, wenn sie zuvor versucht haben, dem Besucher ihren Standpunkt zu erklären, der Besucher aber weiterhin negative Kommentare abgibt. Ein Blogger kann auch einem einzelnen Besucher das Kommentieren von Kommentaren untersagen wollen, wenn er oder sie glaubt, dass die Kommentare als Spam hinterlassen werden.

Administrative Funktionen verwenden

Eine weitere Möglichkeit zur Handhabung von Kommentaren in einem Blog besteht darin, administrative Funktionen zum Löschen von Kommentaren zu verwenden oder die Einstellungen so zu ändern, dass Kommentare erst dann angezeigt werden

können, wenn der Blogger sie genehmigt hat. Blog-Besitzer haben oft die Möglichkeit, einen von einem Besucher des Blogs hinterlassenen Kommentar zu löschen. Das Löschen dieser Kommentare ist normalerweise ein ziemlich einfacher Vorgang. Es ist jedoch keine völlig effektive Methode, da andere Besucher des Blogs die Möglichkeit haben könnten, diese Kommentare zu lesen, bevor sie gelöscht werden.

Daher kann das Löschen des Kommentars einige Besucher daran hindern, ihn zu lesen, aber es wird nicht garantiert, dass jeder Besucher des Blogs ihn sehen wird. Es gibt jedoch eine Möglichkeit für Blogger, sicherzustellen, dass Besucher keine negativen Kommentare lesen. Die meisten Arten von Blogging-Software haben Optionen, bei denen der Blogger alle

Kommentare genehmigen muss, bevor sie der Öffentlichkeit zugänglich sind. Dies gibt dem Blogger die Möglichkeit, einen Kommentar zu entfernen, bevor er von einem der Besucher des Blogs gelesen wird. Der Blogger kann einfach alle Kommentare löschen, von denen er nicht möchte, dass sie von anderen gelesen werden, bevor die Kommentare veröffentlicht werden.

Gestaltungselemente eines Blogs

Ein Blog kann im Wesentlichen ein Online-Tagebuch sein, das in umgekehrter chronologischer Reihenfolge angezeigt wird, aber es ist auch eine Website, die die gleiche Detailgenauigkeit erfordert wie jede andere Website. Sie erfordert auch die gleichen Designelemente wie eine normale Website, die auch nicht als Blog funktioniert. Blogger müssen Entscheidungen über die Designelemente des Blogs treffen, wie Farben und Layout, Schriftarten und die Einbindung von Anzeigen. Obwohl viele Blog-Softwareprogramme eine Vielzahl von Vorlagen zur Verfügung stellen, die die Gestaltung eines Blogs ziemlich einfach machen, können Blogs auch von Bloggern, die über einige Programmierkenntnisse

verfügen, in hohem Maße angepasst werden. In diesem Artikel werden einige der grundlegenden Designüberlegungen erörtert, denen Blogger begegnen.

Blog-Farben und -Layouts

Die Farben und das Design eines Blogs sind eine der offensichtlichsten Designüberlegungen, die Blogger berücksichtigen sollten, wenn sie ihren Blog starten oder umgestalten. Blogger können einen einfarbigen Hintergrund, Blöcke in verschiedenen Farben auf dem Hintergrund oder Bilder oder Texturen auf dem Hintergrund verwenden. Diese Hintergrundelemente können jede erdenkliche Farbe haben. Blogger, die Farben für die Verwendung in ihrem Blog in Betracht ziehen, sollten jedoch in Betracht ziehen, Farben zu verwenden, die für die meisten Besucher des Blogs ästhetisch ansprechend sind. Dies ist wichtig, da die Verwendung von hellen Farben, die hart für

die Augen sind, den Blogverkehr reduzieren kann.

Auch das Design des Blogs sollte vom Blogger sorgfältig überlegt werden. Der Blog sollte so organisiert sein, dass er für die Besucher des Blogs attraktiv ist, zum Thema des Blogs passt und in einer logischen und für die Besucher leicht nachvollziehbaren Weise präsentiert wird. Auch dies ist wichtig, denn wenn ein Design, das diese Kriterien erfüllt, nicht verwendet wird, können sich Blogbesucher dafür entscheiden, den Blog nicht zu besuchen, weil das Design verwirrend oder unattraktiv ist.

In einem Blog verwendete Quellen

Bloggern stehen bei der Auswahl der Quellen, die sie in ihrem Blog verwenden wollen, eine Reihe von Optionen zur Verfügung. Zu diesen Optionen gehören die gewählte Schriftart, Textgröße und Textfarbe.

Blogger sollten in Erwägung ziehen, eine Schriftart zu wählen, die sich gut in das allgemeine Blog-Layout einfügt und zum Thema des Blogs passt, aber auch eine gängige Schriftart ist. Dies ist wichtig, da Besucher des Blogs Schwierigkeiten haben könnten, die Schriftart zu erkennen, wenn der Blogger eine einzigartige Schriftart auswählt, die nicht üblich ist. Textgröße und Textfarben sollten ebenfalls sorgfältig bedacht werden. Diese Elemente sind vor allem für die Lesbarkeit wichtig. Die Textgröße sollte so eingestellt werden, dass der Text für das Zielpublikum gut lesbar ist. Beispielsweise kann ein Blogger mit älteren Menschen als Zielgruppe eine etwas größere Textgröße als üblich wählen. Zur besseren Lesbarkeit sollten auch die für den Text verwendeten Farben gewählt werden. Eine Möglichkeit, dies zu erreichen, besteht darin, Farben auszuwählen, die für das Auge attraktiv sind, aber auch im Kontrast zur Hintergrundfarbe stehen.

 EXPERTENBLOGGER

Anzeigen auf einem Blog veröffentlichen

Blogger sollten bei der Gestaltung ihrer Blogs auch die Einbeziehung von Anzeigen in Betracht ziehen. Dazu gehört auch die Entscheidung, ob Blogs einbezogen werden sollen oder nicht. Sobald diese Entscheidung getroffen ist, sollten Blogger, die sich für die Aufnahme von Anzeigen entscheiden, sorgfältig überlegen, wie und wo sie diese Anzeigen schalten wollen. Anzeigen können an verschiedenen Stellen des Blogs angezeigt werden und können je nach Vorliebe des Bloggers diskret oder auffällig gestaltet werden. Anzeigen können auch in einer Vielzahl von Größen und Formen angeboten werden und sind auf verschiedene Art und Weise höchst anpassbar.

Finde Blogs zum Lesen

Es gibt heute eine Vielzahl von Blogs. Internetnutzer haben das Glück, eine große Anzahl von Blogs zur Auswahl zu haben, wenn sie auf der Suche nach einem Blog sind, den sie regelmäßig lesen können. Häufig gibt es auch viele Blogs, die sich mit einem bestimmten Thema befassen. In Blogs kann es um jedes erdenkliche Thema gehen. Einige Blogs werden zur Unterhaltung erstellt, während andere zur Information dienen. Einige Blogs werden geschaffen, um Profit zu machen, während andere geschaffen werden, um anderen zu helfen. Bei so vielen Blogs, die derzeit online verfügbar sind, kann es schwierig sein, festzustellen, welche Blogs lesenswert sind und welche nicht. Es kann auch schwierig sein, die Anzahl der Blogs, die ein Web-Benutzer liest, zu begrenzen. Dieser Artikel informiert darüber, wie man

Blogs findet und auswählt, um sie zu lesen, einschließlich der Verwendung von Suchmaschinen zum Auffinden von Blogs, der Suche nach Blogs durch die Teilnahme an Message Boards und der Suche nach Empfehlungen für Blogs von Freunden oder Verwandten.

Verwendung von Suchmaschinen zum Auffinden von Blogs

Suchmaschinen sind eine der vertrauenswürdigsten Ressourcen, auf die sich Internetnutzer oft verlassen, um nützliche Websites zu finden. Es ist jedoch wichtig zu beachten, dass Suchmaschinen auch für Internetnutzer, die daran interessiert sind, Blogs zum Lesen zu finden, äußerst nützlich sein können. Ein Internetnutzer, der ein Blog zu einem bestimmten Thema sucht, kann den Prozess des Auffindens dieser Blogs beginnen, indem er relevante Schlüsselwörter oder Phrasen in eine beliebte Suchmaschine eingibt und die für diese

Suche bereitgestellten Ergebnisse sorgfältig durchsieht. Allerdings wird diese Art der Suche den Internetnutzern nicht unbedingt Blogs liefern. Tatsächlich kann es vorkommen, dass die Suchergebnisse auf keiner der ersten Seiten der Suchergebnisse ein Blog enthalten, obwohl Seiten und Seiten mit Links zu nützlichen Websites zurückgegeben werden.

Eine einfache Möglichkeit für den Internetnutzer, Blogs zu einem bestimmten Thema mit Hilfe von Suchmaschinen zu finden, besteht darin, das Wort Blog mit den in die Suchmaschine eingegebenen Schlüsselwörtern oder Phrasen einzufügen. Dies wird helfen, die Suchergebnisse zu filtern und kann Blogs in den Vordergrund der Suchergebnisse rücken. Für Internetnutzer ist es jedoch am besten, nach Blog-Sammlungen zu suchen und dann innerhalb dieser Sammlungen nach Interessenten zu suchen.

Blogs auf Message-Boards finden

Viele Internetnutzer verlassen sich auf Message Boards, um interessante und informative Blogs zu finden. Das liegt daran, dass viele Teilnehmer an Message Boards, die einen Blog haben, oft Wege finden, andere über den Blog zu informieren. Dies kann durch das Einfügen eines Links zum Blog in die Signatur des Benutzers im Message Board oder gegebenenfalls durch die Bereitstellung des Links zum Blog direkt im Hauptteil einer Nachricht im Message Board geschehen. Obwohl viele Blogger die Möglichkeit nutzen können, ihren eigenen Blog über Message Boards zu promoten, werden diejenigen, die daran interessiert sind, neue Blogs zu finden, wahrscheinlich nicht die Zeit haben, alle diese Blogs durchzusehen. Daher ist es ratsam, dass diese Internetnutzer bei den Blogs, die sie besuchen wollen, ein wenig diskriminieren. Eine Möglichkeit, dies zu tun, besteht darin, nur reguläre Foren-Blogs zu besuchen, die wertvolle Informationen für

Gespräche im Message Board bieten. Der Internetbenutzer kann auch Blogs vermeiden, die als Spam gepostet zu sein scheinen. Dies ist wichtig, weil diese Blogs nicht nur wahrscheinlich von schlechter Qualität sind, sondern weil der Besuch dieser Blogs den Blog-Besitzer ermutigt, weiterhin mit ihrem Link zu spammen.

Auf der Suche nach Blog-Empfehlungen

Schließlich können Internetnutzer, die regelmäßig Blogs lesen möchten, in Erwägung ziehen, Empfehlungen von Freunden oder Familienmitgliedern einzuholen, die ein besonderes Interesse teilen. Freunde oder Familienangehörige, die sich für dasselbe Thema wie Sie interessieren, können bereits regelmäßig Blogs lesen, die für dieses Interesse relevant sind. Es lohnt sich, sie um Empfehlungen zu bitten, denn sie haben keinen Grund, etwas anderes zu

tun, als Blogs zu empfehlen, die ihnen wirklich Spaß machen, und gehen davon aus, dass auch Sie interessiert sein werden. Darüber hinaus ist diese Methode zum Auffinden von Blogs ideal, da Ihre Freunde und Ihre Familie Ihren Geschmack und Ihre Erwartungen wahrscheinlich gut kennen und Sie in die richtige Richtung führen werden.

Finden Sie Ihren Nischen-Blog

Das Finden Ihrer Blogging-Nische sollte einer der Aspekte des Bloggens sein, die der Blogger sorgfältig abwägt, bevor er einen Blog beginnt. Dies ist besonders wichtig, wenn das Bloggen zum Zweck der finanziellen Entschädigung erfolgt. Im Idealfall sollte ein Blog-Besitzer ein Blog-Thema wählen, das ihm am Herzen liegt und mit dem er oder sie vertraut ist. Blogger sollten jedoch auch den direkten Wettbewerb sowie den Zweck des Blogs sorgfältig

abwägen, bevor sie ihren Blog starten. In diesem Artikel werden diese Überlegungen ausführlicher diskutiert, um Bloggern bei der Auswahl eines Themas für einen neuen Blog zu helfen. Diese Informationen gelten sowohl für Blogger, die völlig neu im Bloggen sind, als auch für erfahrene Blogger, die erwägen, ein neues Blog zu beginnen.

Isolierung Ihrer Interessen

Eine der ersten Überlegungen für einen neuen Blogger sind seine persönlichen Interessen. Dies ist wichtig, denn ein Blogger, der sich leidenschaftlich und sachkundig mit einem bestimmten Thema beschäftigt, wird es nicht nur leicht haben, Ideen für neue Blog-Einträge zu finden, sondern auch sehr erfolgreich sein. Dieser Erfolg ist wahrscheinlich darauf zurückzuführen, dass die Besucher des Blogs ihre Leidenschaft für das Thema spüren können und informative Beiträge, die informativ und genau sind, sehr zu schätzen wissen.

Die Interessen des Bloggers können von Themen reichen, die weit verbreitet sind, bis hin zu Themen, die für eine kleine Untergruppe der Bevölkerung von Interesse sind. Es gibt jedoch wahrscheinlich interessierte Leser, unabhängig vom Thema des Blogs. Daher lassen sich Blogger nicht davon abhalten, selbst über die obskursten Themen zu bloggen. Blogger, die einen finanziellen Gewinn durch hohen Blog-Traffic anstreben, sollten jedoch in Erwägung ziehen, ein Thema zu wählen, das ein breiteres Publikum anspricht.

Den Wettbewerb auswerten

Sobald ein Blogger ein oder mehrere Themen ausgewählt hat, die er oder sie für einen Blog in Betracht zieht, ist es an der Zeit, mit der Auswertung des Wettbewerbs zu beginnen. Dazu gehört auch der Blick auf andere Blogs, die das gleiche Thema behandeln. Dadurch erhält der Blogger nicht nur einen guten Anhaltspunkt dafür, ob der Markt bereits mit

Blogs zu diesem Thema gesättigt ist und welche Qualität die bestehenden Blogs zu diesem Thema haben. Auf der Grundlage dieser Informationen kann der Blogger eine fundierte Entscheidung darüber treffen, ob er sich in der Lage fühlt, mit bestehenden Blogs um den Blogverkehr zu konkurrieren oder nicht.

In Anbetracht des Zwecks des Blogs

Ein weiterer wichtiger Gesichtspunkt für Blogger ist der Zweck von Blogs. Blogs können aus einer Vielzahl von Gründen erstellt werden, z.B. aus finanziellen Gründen, zum persönlichen Gebrauch oder zur Förderung einer Sache. Blogger, die einen Blog für den persönlichen Gebrauch starten, sollten bei der Gründung eines Blogs ihre eigenen Interessen berücksichtigen, da sie wahrscheinlich nicht auf einen hohen Blog-Traffic aus sind. Blogger, die ein Blog zum

Zweck der Gewinnerzielung oder der Förderung eines Anliegens erstellen, müssen jedoch Faktoren wie die Fähigkeit zur Generierung von Blogverkehr berücksichtigen. In diesen Fällen muss der Blogger ein Thema wählen, das ein großes Publikum anspricht. Darüber hinaus sollte das Internet nicht mit Blogs zu diesem Thema gesättigt sein, da es für das neue Blog wahrscheinlich schwierig sein wird, einen Anteil am Blogverkehr zu bekommen. Schließlich sollten Blog-Besitzer die Qualität des Blogs, das sie zu einem bestimmten Thema erstellen können, berücksichtigen. Der Blogger sollte ein Thema wählen, von dem er oder sie sicher ist, dass er oder sie nicht nur regelmäßige Beiträge verfassen kann, sondern auch dafür sorgt, dass diese Beiträge originell, informativ und interessant sind.

Finden Sie Ihre Blog-Nische

Blogger, die daran interessiert sind, mit ihrem Blog ein großes Publikum zu erreichen, sollten ein besonderes Augenmerk auf die Suchmaschinenoptimierung ihres Blogs legen. Ein großes Publikum zu erreichen, kann aus verschiedenen Gründen eine Priorität sein. Einer der offensichtlichen Gründe für den Versuch, mehr Verkehr zu einem Blog zu generieren, ist die Erwirtschaftung von Einnahmen. Blogger, die für ihre Einnahmen auf einen hohen Blog-Traffic angewiesen sind, sind offensichtlich daran interessiert, den Traffic zu erhöhen. Blogger, die ihren Blog zur Förderung eines Anliegens erstellen, könnten jedoch auch daran interessiert sein, den Verkehr zu erhöhen, einfach damit ihre

Botschaft ein größeres Publikum erreichen kann. Ungeachtet des Grundes, den Verkehr erhöhen zu wollen, ist eine der besten Möglichkeiten, dies zu erreichen, die Suchmaschinenoptimierung des Blogs. In diesem Artikel wird die Bedeutung von Suchmaschinen-Rankings diskutiert und Tipps zur Optimierung eines Blogs gegeben.

Warum Suchmaschinen-Rankings wichtig sind

Die Bedeutung hoher Suchmaschinenplatzierungen liegt darin, dass sie dazu beitragen können, den Internetverkehr zum Blog zu erhöhen. Dies liegt daran, dass Internetnutzer, die Suchmaschinen verwenden, um Informationen zu einem bestimmten Thema zu finden, viel häufiger Websites besuchen, die auf der ersten Seite der Suchergebnisse erscheinen, als Websites, die auf späteren Seiten der Suchergebnisse erscheinen. Die Websites, die auf der ersten Seite der

Ergebnisse erscheinen, werden wahrscheinlich den meisten Traffic erhalten. Es ist jedoch unwahrscheinlich, dass Internetnutzer mehr als eine oder zwei Seiten mit Suchergebnissen suchen, wenn sie mehr Informationen zu einem bestimmten Thema suchen.

Hohe Rankings durch Suchmaschinen dienen im Wesentlichen als kostenlose Werbung für einen Blog oder eine Website. Das liegt daran, dass viele Website-Benutzer auf beliebte Suchmaschinen angewiesen sind, um nützliche Informationen im Internet zu finden. Suchmaschinen wenden komplexe Algorithmen an, um Websites zu bewerten und sie nach bestimmten Suchbegriffen zu ordnen.

Infolgedessen schätzen Internetnutzer die erzeugten Suchergebnisse sehr und verlassen sich auf diese Ergebnisse, um zu den besten verfügbaren Websites zu gelangen, die für

die von ihnen bei ihrer Suche angegebenen Schlüsselwörter relevant sind.

Tipps zur Suchmaschinen-Optimierung

Eine der gängigsten Methoden zur Optimierung eines Blogs oder einer Website für Suchmaschinen ist die Verwendung relevanter Schlüsselwörter. Insbesondere die Praxis, bestimmte Schlüsselwortdichten auf Blog-Inhalte anzuwenden, ist eine übliche Suchmaschinenoptimierungstaktik.

Blog-Besitzer und andere, die versuchen, ihre Websites zu optimieren, sind sich nicht immer über die optimale Keyword-Dichte einig, aber viele glauben, dass ein Prozentsatz von ca. 2% -3% angemessen ist.

Eine weitere Methode zur Optimierung einer Suchmaschine besteht darin, relevante Schlüsselwörter im Code der Website zu

platzieren. Dazu gehören Titel-Tags und META-Tags.

Dies ist wichtig, weil Suchmaschinen bei der Bewertung einer Website oft die Bedeutung von Schlüsselwörtern berücksichtigen. Dies bezieht sich auf den Ort, an dem die Schlüsselwörter zuerst erscheinen. Die Platzierung von Schlüsselwörtern am Anfang des Inhalts der Website ist nützlich, aber es ist wichtig zu beachten, dass Suchmaschinen den Code zuerst sehen, so dass Suchmaschinen die Schlüsselwörter, die vor dem Hauptteil des Blogs erscheinen, zuerst durchsuchen.

Blog-Besitzer können auch dazu beitragen, ihre Platzierungen in Suchmaschinen zu verbessern, indem sie Backlinks zu ihrem Blog generieren. Dies kann auf verschiedene

Weise erreicht werden. Eine Möglichkeit, dies zu tun, besteht darin, andere Websites zu finden, die bereit sind, einen Link zum Blog auf ihrer Website zu platzieren. Dies ist vorteilhaft, weil viele Suchmaschinen die Anzahl der Links zu einer Website in ihrem Ranking-Algorithmus berücksichtigen, da diese Links als eine Website betrachtet werden, die die Gültigkeit einer anderen Website garantiert. Einige Website-Eigentümer sind vielleicht bereit, dies im Tausch gegen einen Link zu ihrer Website in ihrem Blog zu tun. Dies ist als reziproker Link bekannt, und einige Suchmaschinen schätzen diesen Link möglicherweise nicht so sehr wie einen nicht reziproken Link.

Es gibt auch einige Linkaustauschprogramme, aber diese Links sind möglicherweise nicht vorteilhaft, da viele Suchmaschinen den Rang der Website

berücksichtigen, die auf Ihren Blog verlinkt. Wenn also die Website, die auf Ihren Blog verlinkt, nicht gut platziert ist, wird der Backlink die Suchmaschinenplatzierungen nicht wesentlich verbessern.

Verbessern Sie das Suchmaschinenranking Ihres Blogs

Blogging ist ein relativ neues Phänomen. Es handelt sich im Wesentlichen um die Erstellung einer Online-Zeitschrift, die in umgekehrter chronologischer Reihenfolge angezeigt wird. Der/die Blogger/in, der/die den Blog unterhält, kann so oft er/sie es wünscht, neue Blog-Einträge veröffentlichen. Dies kann bedeuten, dass neue Einträge mehr als einmal pro Tag, täglich, wöchentlich, monatlich oder sogar in einem weniger häufigen Intervall veröffentlicht werden. Blog-Beiträge stehen in der Regel in irgendeinem Zusammenhang, können aber jedes beliebige Thema betreffen, das der Blogger wünscht. Blogger können einen Blog

aus verschiedenen Gründen führen, und diese Blogs können privater oder öffentlicher Natur sein. In diesem Artikel wird der Unterschied zwischen einem öffentlichen und einem privaten Blog beschrieben, und es werden auch Blogs auf professionelle Weise und Blogs aus persönlichen Gründen erklärt.

Private versus öffentliche Blogs

Blogs können auch privat oder öffentlich sein. Private Blogs sind solche, in denen nur der Blogger und andere, die vom Blogger genehmigt wurden, die Blogeinträge einsehen können. Öffentliche Blogs sind für jeden Internetbenutzer zugänglich. Ein Blogger kann sich dafür entscheiden, einen Blog privat oder öffentlich zu machen, je nachdem, ob er oder sie sich dabei wohlfühlt, dass andere den Blog lesen oder nicht. Zum Beispiel kann ein Blogger, der ein Blog erstellt, um seinen Frustrationen Luft zu machen, sich dafür entscheiden, ein Blog privat zu halten, so dass Freunde oder

Familie diese Entlüftungen nicht lesen können. Umgekehrt wird sich ein Blogger, der z.B. zu einem Zweck wie der Förderung einer Sache bloggt, wahrscheinlich dafür entscheiden, den Blog öffentlich zu machen, damit seine Botschaft so viele Internetnutzer wie möglich erreicht. Blogger, die einen Blog erstellen, um sich durch ihr Schreiben, ihre Gedichte oder andere Ausdrucksformen auszudrücken, können sich jedoch dafür entscheiden, den Blog privat oder öffentlich zu machen, je nachdem, ob sie diese persönlichen Gefühle anderen zugänglich machen wollen. Einige Blogger werden in dieser Situation den Blog öffentlich machen, weil sie andere erreichen wollen, die ihre Gefühle teilen oder vom Lesen ihrer Blogs profitieren können. Es mag andere Blogger in dieser Situation geben, die den Blog privat machen, weil sie nicht wollen, dass andere diese persönlichen und Ausdruck.

Professionelles Bloggen

Bloggen kann für einige Blogger tatsächlich als Einkommensquelle dienen. Es gibt mehrere Unternehmen, die ein Netzwerk von Bloggern unterhalten und Blogger dafür bezahlen, dass sie einen Blog im Web unterhalten. Diese Blogger können pro Beitrag entschädigt werden, je nach der Anzahl der Besuche auf der Seite, die der Blog erhält, oder durch eine Kombination aus der Anzahl der Beiträge und der Anzahl der Besuche auf der Seite. Eine Karriere als Blogger erfordert viel Hingabe. Der Blogger muss bereit und in der Lage sein, den Blog regelmäßig zu aktualisieren und das Blog für die Leser interessant zu halten.

Bloggen aus persönlichen Gründen

Das Bloggen kann auch aus persönlichen Gründen erfolgen. Einige Blogger nutzen ihren Blog, um mit Familie und Freunden in

Kontakt zu bleiben, während andere ihn nutzen, um Informationen auszudrücken oder mit anderen zu teilen. Blogs, die aus persönlichen Gründen erstellt werden, können viel Spaß machen, aber der Blogger sollte es vermeiden, den Prozess der Pflege des Blogs zu einer stressigen Situation zu machen. Ein Blog, der aus persönlichen Gründen geführt wird, sollte für den Blogger eine angenehme Erfahrung sein.

Blog für alle?

Es gibt verschiedene Gründe für einen Blogger, einen Blog zu starten und zu unterhalten. Einige dieser Gründe sind die Schaffung von Einkommen, die Förderung einer Sache, die Bereitstellung nützlicher Informationen und die Aufrechterhaltung des Kontakts mit Familie und Freunden. Obwohl diese Gründe für die Gründung eines Blogs recht unterschiedlich sein können, sollten alle Blogger einige Zeit damit verbringen, sich über Blogs zu informieren, bevor sie sich auf ein Blogging-Erlebnis einlassen. Dies wird dazu beitragen, dass der Blog seinen beabsichtigten Zweck erreicht, und es wird auch dazu beitragen, dass der Blogger keine Fehler macht, die für einen Blog schädlich sein könnten. In diesem Artikel werden Methoden zum Erlernen des Bloggens diskutiert, einschließlich des

Studiums erfolgreicher Blogs und der Nutzung des Internets zur Erforschung des Bloggens. In diesem Artikel wird auch kurz erläutert, wie wichtig die Förderung eines Blogs ist.

Erfolgreiche Blogs studieren

Eine der einfachsten Möglichkeiten für zukünftige Blogger und neue Blogger, mehr über Blogs zu erfahren, ist das Studium erfolgreicher Blogs. Diejenigen, die vor kurzem einen Blog begonnen haben oder in Erwägung ziehen, einen Blog zu starten, können viel lernen, indem sie einfach erfolgreiche Blogs lesen und studieren. Blogger können wählen, Blogs zu studieren, die sich auf ein ähnliches Thema konzentrieren, aber das ist nicht notwendig. Blogger können eine Menge darüber lernen, wie man ein erfolgreiches Blog führt, indem sie Blogs zu jedem Thema studieren. Dies liegt daran, dass Faktoren wie Schreibstil,

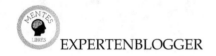

Blog-Design, Schriftart und Farben zum Erfolg eines Blogs beitragen können.

Beim Studium anderer Blogs sollte der Blogger besonders auf die Aspekte des Blogs achten, die seine Aufmerksamkeit erregen. Dies ist wichtig, weil diese Aspekte auch andere Blog-Besucher anziehen und zum Erfolg des Blogs beitragen können. Die Modellierung eines Blogs unter Berücksichtigung dieser Aspekte kann wesentlich zum Erfolg eines Blogs beitragen.

Nutzung des Internets zur Recherche Blogging-Tipps

Das Internet kann eine ausgezeichnete Ressource sein, um etwas über das Bloggen zu lernen. Zu diesem Thema gibt es eine Vielzahl unterschiedlicher Objekte. Diese Artikel können Tipps zum Starten, Pflegen und Optimieren eines Blogs enthalten. Sie können auch Tipps enthalten, wie man

Traffic zu einem Blog generiert und das Interesse der Besucher an dem Blog aufrecht erhält. Blogger werden ermutigt, die online verfügbaren Informationen sorgfältig zu studieren und stets die Quelle der Informationen zu berücksichtigen. Die Berücksichtigung der Informationsquelle ist wichtig, da sie dazu beitragen kann, dass die aus dem Internet bezogenen Informationen zuverlässig sind. Dies kann jedoch schwierig sein, da es nicht immer möglich ist, die Quelle der im Internet verfügbaren Informationen zu bestimmen.

Eine weitere Möglichkeit, die Gültigkeit der online verfügbaren Informationen zu überprüfen, ist die Verwendung anderer Quellen zur Bestätigung der Informationen. Das bedeutet, dass ein Blogger einen Artikel finden kann, der mehrere Tipps für den Betrieb eines erfolgreichen Blogs enthält, aber dennoch online nach Informationen sucht, die die im ursprünglichen Artikel verfügbaren Informationen bestätigen. Das

mag redundant klingen, kann aber verhindern helfen, dass der Blogger falsche Informationen als korrekt akzeptiert.

Die Bedeutung der Förderung eines Blogs

Schließlich sollten Blogger verstehen, wie wichtig es ist, für ein Blog zu werben, und Methoden zur Förderung ihres eigenen Blogs untersuchen. Die Förderung eines Blogs ist sehr wichtig, denn durch diese Art der Förderung gewinnt ein Blog an Traffic. In den meisten Fällen ist es für den Erfolg eines Blogs entscheidend, Traffic zu gewinnen. Zu den wenigen Ausnahmen gehören Blogs, die ausschließlich für den persönlichen Gebrauch von Bloggern geführt werden, sowie Blogs, die zu dem Zweck geführt werden, Freunde und Familie über Ereignisse im Leben von Bloggern auf dem Laufenden zu halten. Alle anderen Blogs können von einem erhöhten Blog-Traffic profitieren.

Blogger können sich darüber informieren, wie sie erfolgreich für ein Blog werben können, indem sie darüber nachdenken, wie sie von den Blogs erfahren haben, die sie häufig lesen. Dies ist deshalb von Bedeutung, weil Internetnutzer, die Blogs lesen, wahrscheinlich ähnliche Methoden haben, um diese Blogs zu finden. Zum Beispiel wird ein Blog-Leser, der durch die Teilnahme an einem relevanten Message Board von einem interessanten Blog erfahren hat, wahrscheinlich in Betracht ziehen, auf Message Boards, die für seinen eigenen Blog relevant sind, aktiv zu bleiben, um für seinen Blog zu werben.

95

Bloggen lernen

Das Erstellen eines Blogs ist relativ einfach. Die Aufrechterhaltung eines erfolgreichen Blogs ist jedoch ein viel schwierigerer Prozess. Das liegt daran, dass es viele verschiedene Faktoren gibt, die zum Erfolg eines Blogs beitragen können. Zu diesen Faktoren gehören das Thema des Blogs, die Popularität des Blogs und sogar das ästhetische Design des Blogs. Darüber hinaus wird auch die Fähigkeit, den Blog richtig zu bewerben und ein großes Publikum interessierter Internetnutzer zu erreichen, einen tiefgreifenden Einfluss auf den Erfolg eines Blogs haben. Obwohl es keine einfache Formel für die Erstellung und Pflege eines erfolgreichen Blogs gibt, gibt es einige grundlegende Tipps, die dazu beitragen können, dass ein Blogger mit seinem Blog Erfolg hat. In diesem Artikel werden einige

dieser grundlegenden Tipps beschrieben, wie z.B. das regelmäßige Posten neuer Einträge, das Schreiben für ein bestimmtes Publikum und die richtige Bewertung von Änderungen am Blog.

Regelmäßig neue Blog-Einträge veröffentlichen

Die Bedeutung der regelmäßigen Veröffentlichung neuer Blog-Einträge darf nicht unterschätzt werden. Das ist sehr wichtig, denn Zeitschriften bieten engagierten Blog-Besuchern einen Anreiz, immer wieder in den Blog zurückzukehren. Die Leser können einen Blog ursprünglich zufällig besuchen, verpflichten sich aber, auf der Grundlage der regelmäßig bereitgestellten Inhalte regelmäßig zu dem Blog zurückzukehren. Wenn der Blogger zulässt, dass der Blog ins Stocken gerät, haben die Leser keine Motivation, immer wieder in den Blog zurückzukehren. Wenn es jedoch regelmäßig neue Beiträge gibt, ist es

wahrscheinlich, dass Besucher in Erwartung neuer Beiträge häufig zum Blog zurückkehren.

Die Länge und Tiefe eines Blog-Eintrags kann je nach Thema des Blogs und den Erwartungen des Zielpublikums erheblich variieren. In vielen Fällen kann jedoch selbst ein relativ kurzer Blog-Eintrag, der nur wenige Informationen bietet, ausreichen, um das Interesse der Leser zu wecken. Dies kann nützlich sein, wenn der Blogger keine tiefgründigen Beiträge liefern kann, aber auf lange Sicht suchen die Blog-Leser ein gewisses Maß an Nahrung und erwarten wahrscheinlich, dass der Blog regelmäßig mit neuen Beiträgen aktualisiert wird. Darüber hinaus werden sie eine bestimmte Stimme und Qualität in den Blogbeiträgen erwarten, so dass Blogger, die den Einsatz von Gast-Bloggern in Anspruch nehmen, die Gast-Blogger sorgfältig bewerten sollten, um sicherzustellen, dass sie in der Lage sind,

Blogs zu posten, die das Publikum schätzen wird.

Das Blog-Publikum verstehen

Erfolgreiche Blogger müssen auch Experten darin sein, das Publikum des Blogs zu verstehen. Die erfolgreichsten Blogs konzentrieren sich auf eine ziemlich einzigartige Nische, die eine einzigartige Gruppe von Besuchern anzieht. Indem der Blogger die Informationen auf dem Blog, die sich auf diese Nische beziehen, auf dem Laufenden hält, trägt er dazu bei, dass das Interesse des Publikums an dem Blog erhalten bleibt. Das Thema ist jedoch nicht der einzige wichtige Aspekt im Zusammenhang mit dem Verständnis des Zielpublikums.

Blogger müssen sich auch darüber im Klaren sein, welche Art von Informationen die Blog-Leser suchen und wie sie am liebsten mit den

Informationen versorgt werden möchten. Dies ist wichtig, weil einige Blog-Leser lange Beiträge mögen, während andere kurze, punktgenaue Beiträge bevorzugen. Sogar andere Blog-Besucher ziehen es vielleicht vor, dass Beiträge als Bullet-Points in einer leicht lesbaren Form bereitgestellt werden. Die Informationen so bereitzustellen, dass sie von den Besuchern leicht verarbeitet werden können, ist ebenso wichtig wie die Bereitstellung qualitativ hochwertiger Informationen.

Änderungen am Blog auswerten

Schließlich wissen alle erfolgreichen Blogger, wie man Änderungen am Blog sorgfältig vornimmt und die Auswirkungen dieser Änderungen auf den Datenverkehr des Blogs auswertet. Dies ist entscheidend, denn ein bereits erfolgreiches Blog kann zum Scheitern verurteilt sein, wenn der Blogger eine Gelegenheit nutzt, die von engagierten Besuchern nicht geschätzt wird und nicht auf

die Bedenken der Leser eingeht. Um dieses potenzielle Problem zu vermeiden, sollten Blogger darauf achten, jeweils nur eine Änderung auf einmal vorzunehmen, und genügend Zeit einplanen, um die Auswirkungen der Änderung auf den Website-Traffic sowie die Kommentare der Leser zu bewerten, bevor sie entscheiden, ob sie die Änderung rückgängig machen oder zusätzliche Änderungen vornehmen.

In ähnlicher Weise kann ein Blog, das versucht, den Website-Traffic zu erhöhen, Probleme haben, wenn es zu viele Änderungen vornimmt und nicht bewertet, wie sich diese Änderungen auf den Traffic des Blogs auswirken. Eine bessere Strategie wäre es, kleine Änderungen nacheinander vorzunehmen und die Auswirkungen der Änderung sorgfältig zu bewerten, bevor weitere Änderungen vorgenommen werden. Dies wird dem Blogger helfen, einen erfolgreichen Blog zu erstellen.

Pflegen Sie ein erfolgreiches Blog

Während einige Blogger sich ausschließlich auf ein Blog zur gleichen Zeit konzentrieren, gibt es viele Blogger, die es schaffen, mehrere verschiedene Blogs gleichzeitig zu unterhalten. Allerdings tun dies nicht alle Blogger erfolgreich. Einige Blogger gefährden sowohl die Qualität als auch die Quantität der Inhalte, indem sie versuchen, zu viele Blogs zu unterhalten, während andere Blogger die Möglichkeit haben, mehrere Blogs aktuell und für Besucher interessant zu halten. Es gibt einige Schlüsselelemente für die Aufrechterhaltung mehrerer erfolgreicher Blogs. In diesem Artikel werden einige dieser Elemente erörtert, darunter die Beibehaltung des ursprünglichen Inhalts, die Aktualisierung der Blogs und die

Zeitplanung für die Arbeit an den einzelnen Blogs.

Beibehaltung des ursprünglichen Inhalts

Blogger, die mehrere Blogs betreiben, sollten darauf achten, den Inhalt jedes einzelnen Blogs zu erhalten. Auch wenn der Blogger mehrere verwandte Blogs unterhält, ist es wichtig, sicherzustellen, dass jeder dieser Blogs über Original-Blogbeiträge verfügt. Dadurch soll verhindert werden, dass Blog-Besucher das Gefühl haben, dass die Informationen, die sie erhalten, nicht original sind. Sie wird auch dazu beitragen zu verhindern, dass Leser, die häufig einen oder mehrere Blogs der Blogger besuchen, sich entscheiden, nur einen der Blogs zu besuchen, weil sie die Beiträge für überflüssig halten.

Bloggern wird auch geraten, keine Beiträge aus anderen ähnlichen Blogs zu stehlen. Dies

ist nicht nur illegal, sondern wird dem Blogger auch kaum helfen, da engagierte Leser des ursprünglichen Blogs wahrscheinlich erkennen werden, dass das neue Blog lediglich Inhalte von einem erfolgreicheren Blog stiehlt.

Jedes Blog auf dem neuesten Stand halten

Bloggern, die mehrere Blogs unterhalten, wird ebenfalls empfohlen, dafür zu sorgen, dass jedes Blog auf dem neuesten Stand gehalten wird. Das bedeutet, dass sie darauf achten sollten, regelmäßig in jedem Blog zu posten. Auf diese Weise können Probleme vermieden werden, die dadurch entstehen, dass die Besucher des Blogs das Gefühl haben, dass die Blogs stagnieren. Selbst die interessantesten und informativsten Blogs können schnell Traffic verlieren, wenn die Blog-Besucher nicht regelmäßig neue Inhalte sehen. Das Internet entwickelt und aktualisiert sich ständig. Infolgedessen können es sich Internetnutzer leisten,

wählerisch zu sein, und es ist unwahrscheinlich, dass sie sich mit einem Blog beschäftigen, der nicht regelmäßig neue Informationen veröffentlicht, da sie wahrscheinlich andere Blogs finden, die häufigere Aktualisierungen anbieten.

Zeit finden, um an jedem Blog zu arbeiten

Blogger, die mehrere Blogs unterhalten, haben auch die Aufgabe, Zeit zu finden, um an jedem einzelnen Blog zu arbeiten. Dies ist jedoch sehr wichtig, da es sich Blogger nicht leisten können, einen oder mehrere ihrer Blogs zu vernachlässigen. Dies kann zu einem deutlichen Rückgang des Blogverkehrs führen. Daher sollten Blogger, die mehrere Blogs betreiben wollen, ihre Zeit sorgfältig einplanen, um sicherzustellen, dass sie genügend Zeit für jedes einzelne Blog aufwenden.

Diese Übung zum Zeitmanagement kann damit beginnen, die Bedürfnisse jedes Blogs zu bewerten. Einige Blogs können jede Woche viel Zeit und Mühe erfordern, damit das Blog reibungslos funktioniert, während andere Blogs für den gleichen Zweck nur wenig Zeit benötigen. Im Allgemeinen werden Blogs, die einen hohen Forschungsaufwand erfordern, mehr Zeit und Energie von den Bloggern benötigen als Blogs, die auf den Meinungen und Gefühlen der Blogger basieren und daher nicht so viel Forschung erfordern.

Sobald der Blogger bestimmt hat, wie lange die Pflege der einzelnen Blogs dauern wird, kann er seine Zeit entsprechend einplanen. Er oder sie sollte jedoch planen, zu evaluieren, wie gut die einzelnen Blogs funktionieren,

und muss den Zeitplan eventuell bei Bedarf anpassen. Darüber hinaus müssen Sie möglicherweise eine Entscheidung treffen, ein Blog zu löschen oder um Unterstützung bei der Aktualisierung der Blogs bitten, falls erforderlich.

Verwalten Sie mehrere Blogs

Blogs werden immer beliebter, und diese Beliebtheit ist nicht nur bei Erwachsenen zu verzeichnen. Auch Kleinkinder interessieren sich zunehmend für Blogs. Mit dem Aufkommen von Social-Networking-Sites wie MySpace wachsen Blogs sprunghaft an. Internetnutzer haben nun eine Vielzahl von Möglichkeiten, einen Blog zu veröffentlichen und zu pflegen. Darüber hinaus fördert die wachsende Popularität der derzeit verfügbaren Blogs das Interesse am Bloggen mit anderen Internetnutzern. Kinder werden täglich mit einer Vielzahl von online verfügbaren Blogs bombardiert und sind verständlicherweise daran interessiert, eigene Blogs zu erstellen. In den meisten Fällen erstellen Kinder Blogs aus sozialen Gründen,

aber es gibt auch einige kluge Kinder, die das Gewinnpotenzial von Blogs erkennen. Es gibt zwar viele Vorteile, die Kinder vom Bloggen profitieren können, aber es sind auch einige Risiken damit verbunden. Deshalb sollten Eltern den Blog ihrer Kinder sowie die gesamte Internetnutzung ihrer Kinder sorgfältig überwachen. In diesem Artikel wird die Frage der Überwachung des Blogs eines Kindes ausführlicher behandelt.

Mit Kindern über Blog-Erwartungen diskutieren

Der erste Schritt, den Eltern unternehmen sollten, wenn ein Kind an der Erstellung eines Blogs interessiert ist, besteht darin, die Erwartungen mit dem Kind gründlich zu besprechen. Das Kind und die Eltern sollten eine offene und ehrliche Diskussion über verantwortungsvolle Internetnutzung führen. Dies ist wichtig, weil diese Gespräche die Grundlage dafür legen können, wie sich das Kind online verhalten wird. Es gibt bestimmte Gefahren im Internet, aber Eltern, die diese Gefahren verstehen und mit ihren Kindern kommunizieren, um dieses Gefahrenpotential sowie Informationen darüber, wie man online sicher bleibt, zu teilen, haben wahrscheinlich Kinder, die auch online sicher bleiben.

Wenn ein Kind erwägt, einen Blog zu starten, sollten die Eltern von Anfang an in den Prozess einbezogen werden. Die Eltern sollten sich nicht nur der Absicht des Kindes bewusst sein, mit dem Bloggen zu beginnen, sondern auch den Grund für den Wunsch des Kindes und die Absichten für den Blog kennen. Dies ist wichtig, weil es Eltern dabei helfen kann, geeignete Richtlinien für das Bloggen aufzustellen. Zum Beispiel könnte ein Kind an sozialer Vernetzung durch Blogging interessiert sein, sollte aber verstehen, dass diese Art des Bloggens ein Gefahrenpotenzial birgt. Die Eltern sollten den Inhalt des Blogs einschränken und den Kindern raten, persönliche Informationen

wie ihren vollständigen Namen, ihre Adresse und Telefonnummer im Blog nicht preiszugeben. Andere Informationen, die zur Identifizierung und Lokalisierung des Kindes verwendet werden könnten, sollten ebenfalls vermieden werden.

Überprüfen Sie regelmäßig den Blog Ihres Kindes

Neben der Diskussion von Blogs mit dem Kind und der Festlegung von Grundregeln für Blog-Inhalte sollten Eltern den Blog auch regelmäßig besuchen, um sicherzustellen, dass die festgelegten Regeln eingehalten werden. Eltern sollten die Blogs ihres Kindes regelmäßig durchsehen, aber sie sollten sie nicht darüber informieren, wann diese Durchsicht stattfindet. Dies wird dazu beitragen, Kinder daran zu hindern, den Blog zu verändern, um fragwürdiges Material während der Überprüfung zu entfernen und dieses Material nach Abschluss der Überprüfung zu ersetzen. Dies ist wichtig,

weil es für das Kind ziemlich einfach wäre, Änderungen schnell vorzunehmen, indem es einfach Dateien speichert und sie bei geplanten Überprüfungen durch entsprechende Blog-Einträge ersetzt.

Überwachung der Blogs, die Ihr Kind besucht

Eltern sollten auch erwägen, die Blogs, die ihre Kinder häufig besuchen, regelmäßig zu überwachen. Dies ist wichtig, weil die Informationen, die Kinder online sehen, für Kinder schädlich sein können. Es ist auch deshalb wichtig, weil die meisten Blogs den Besuchern die Möglichkeit bieten, mit dem Blogger zu kommunizieren. In den meisten Fällen erfolgt diese Kommunikation in Form von Kommentaren, die für den Blogger hinterlassen werden, und der Blogger hat die Wahl, auf diese Kommentare zu antworten. In einigen Fällen kann der Besucher sogar die

Möglichkeit haben, dem Blogger persönliche Kontaktinformationen mitzuteilen. Eltern, die über die Blogs, die ihre Kinder besuchen, auf dem Laufenden bleiben, können diese Blogs sorgfältig prüfen, um sicherzustellen, dass ihre Kinder sich online nicht unangemessen verhalten und bei den von ihnen ergriffenen Maßnahmen nicht versehentlich Risiken eingehen.

Überwachen Sie den Blog Ihres Kindes

Blogger, die daran interessiert sind, viel Verkehr zu ihrem Blog zu erzeugen und einen erfolgreichen Blog zu unterhalten, sollten besonders auf Techniken zur Suchmaschinenoptimierung achten, die dazu beitragen können, die Suchmaschinenplatzierungen ihrer Blogs zu verbessern. Alle Suchmaschinen verwenden eine Art Ranking-Algorithmus, der dazu dient, die Reihenfolge zu bestimmen, in der Websites zurückgegeben werden, wenn ein Internetnutzer nach Informationen zu einem bestimmten Thema sucht. Allerdings verwenden nicht alle Suchmaschinen den gleichen Algorithmus für diesen Zweck. Folglich gibt es keine einfache Lösung, um ein Blog für hohe Rankings in allen

Suchmaschinen zu optimieren. Es gibt jedoch einige Tipps, die bei den meisten Suchmaschinen nützlich sein können. Zu diesen Tipps gehören die Verwendung relevanter Schlüsselwörter, die Generierung von Links zu Ihren Blogs und die vorteilhafte Verwendung von Bild-Tags.

Die Bedeutung von Schlüsselwörtern

Die Verwendung relevanter Schlüsselwörter in Blog-Beiträgen ist eine der gebräuchlichsten und auch eine der einfachsten Methoden zur Optimierung von Suchmaschinen-Rankings.

Allerdings sind sich nicht alle Blogger über die beste Art und Weise einig, relevante Schlüsselwörter zur Optimierung der Suchmaschinenplatzierungen zu verwenden. Einige Blogger sind der Meinung, dass Schlüsselwörter häufig verwendet werden sollten, um hohe Schlüsselwortdichten zu

erzeugen, während andere glauben, dass die Verwendung von Schlüsselwörtern in Dichten von weniger als 1-3% und die Aufmerksamkeit auf die Schlüsselwortplatzierung die wertvollste Strategie ist. Andere Blogger argumentieren, dass die bloße Verwendung relevanter Schlüsselwörter, da sie im Fluss der Blog-Beiträge ganz natürlich vorkommen, ausreicht, um sicherzustellen, dass Suchmaschinen den Blog-Inhalt verstehen.

Unabhängig von der Stichwortstrategie kann ein Blogger, der sich dafür entscheidet, alle Blogger zu beschäftigen, von der Suche nach relevanten Stichwörtern profitieren. Sie haben vielleicht ein Blog, das sich auf ein allgemeines Thema wie Gartenarbeit bezieht, kennen aber möglicherweise nicht die Suchbegriffe, die Internetnutzer normalerweise bei der Recherche zu diesem Thema verwenden. Glücklicherweise gibt es viele Programme, die verwandte Schlüsselwörter für eine bestimmte Zeit

generieren und dem Blogger andere Schlüsselwörter geben, deren Aufnahme in den Blog er erwägen sollte. Für das Beispiel eines Blogs, das sich auf Gartenarbeit bezieht, kann der Blogger zusätzliche Schlüsselwörter wie "Container-Gartenarbeit" oder "Hausgartenarbeit" verwenden, um das Interesse der Suchmaschinenbenutzer zu steigern.

Günstige Backlinks erzeugen

Backlinks sind ebenfalls ein weiterer gemeinsamer Faktor, der in Suchmaschinen-Ranking-Algorithmen verwendet wird. Viele Suchmaschinen berücksichtigen sowohl die Anzahl der Links, die auf eine Website verweisen, als auch die Qualität der Websites, die diese Links anbieten. Das bedeutet, dass die Suchmaschinen-Rankings der Website, die auf Ihr Blog verweist, das Gewicht beeinflussen könnten, das der Backlink zu ihrem eigenen Ranking beiträgt. Das liegt daran, dass einige Suchmaschinen

höher eingestufte Websites für wertvoller halten als andere Websites, die nicht gut eingestuft sind, und daher Websites, die auf diese hoch eingestuften Websites verlinken, günstig belohnen.

Einige Suchmaschinen-Algorithmen berücksichtigen auch, ob Backlinks reziprok oder nicht reziprok sind. In diesen Fällen werden nicht-reziproke Verbindungen im Allgemeinen als wertvoller angesehen als reziproke Verbindungen. Darüber hinaus werden Backlinks, die von Linktauschbörsen oder Linkfarmen stammen, im Allgemeinen nicht als sehr einflussreich in Suchmaschinen-Rankings angesehen.

Wie Bilder das Ranking in Suchmaschinen verbessern können

Blogger sollten sich auch darüber im Klaren sein, dass alle Bilder, die in ihrem Blog verwendet werden, zur Verbesserung der Suchmaschinenplatzierungen bei einigen Suchmaschinen verwendet werden können. Dieser Aspekt der Suchmaschinenoptimierung wird oft übersehen, weil viele Blogger glauben, dass Bilder von Suchmaschinen nicht gesehen werden.

Dies ist zwar richtig, aber Suchmaschinen durchforsten zusätzlich zum Blog-Inhalt auch den Blog-Code. Das bedeutet, dass die Suchmaschine die in den Bild-Tags bereitgestellten Informationen sieht. Blogger können dies nutzen, indem sie Bild-Tags verwenden, um relevante Schlüsselwörter zu liefern, die das Ranking in Suchmaschinen verbessern können.

 EXPERTENBLOGGER

Es sollte jedoch darauf geachtet werden, dass die in diesen Tags verwendeten Schlüsselwörter auch das Bild genau beschreiben, da Blog-Besucher oft den in diesen Tags enthaltenen Text sehen, wenn sie über ein Bild im Blog scrollen.

Optimieren Sie Ihr Blog für Suchmaschinen

Online-Shoppern stehen eine Vielzahl von Optionen zur Verfügung, um eine Bestellung aufzugeben. Online-Shopping ist aus mehreren Gründen bereits recht bequem, unter anderem wegen der Bequemlichkeit und der Möglichkeit, Artikel bei Einzelhändlern auf der ganzen Welt zu kaufen. Die Möglichkeit, auf verschiedene Art und Weise zu bestellen, macht das Online-Shopping für einige Verbraucher wünschenswerter. In diesem Artikel werden einige der Optionen erörtert, die beim Online-Einkauf zur Verfügung stehen, einschließlich der Nutzung der Website zur Bestellung, des Anrufs beim Kundendienst zur Abgabe der Bestellung und des Fax- oder Postversands.

Bestellen über die Website

Eine der beliebtesten Bestellmöglichkeiten beim Online-Einkauf ist die direkte Bestellung über die Website des Online-Händlers. In den meisten Fällen bieten Online-Händler die Möglichkeit, Artikel in einen virtuellen Einkaufswagen zu legen, während sie die verfügbaren Artikel durchsuchen, die zum Verkauf angeboten werden. Nachdem der Verbraucher seinen Einkauf beendet hat, kann er den Inhalt seines Einkaufswagens überprüfen und den Inhalt des Einkaufswagens nach Bedarf hinzufügen, subtrahieren oder ändern, bevor er mit dem Bestellvorgang des Online-Einkaufserlebnisses fortfährt. Während des Bestellvorgangs gibt der Verbraucher Informationen wie Kreditkarteninformationen und Rechnungsadresse sowie die Adresse an, an die er die Artikel versenden möchte. Der Online-Käufer kann wählen, ob er den

Artikel an sich selbst oder an andere versenden lassen möchte. Obwohl Online-Käufe im Allgemeinen als sicher gelten, sollten Verbraucher überprüfen, ob sich die Website auf einem sicheren Server befindet, der vertrauliche Informationen schützt. Eine Möglichkeit, dies zu tun, besteht darin, sich die Adresse der Website anzusehen. Sichere Websites beginnen mit https: //, während nicht-sichere Websites mit http: // beginnen.

Kundendienst anrufen, um eine Bestellung aufzugeben

Online-Käufer können online nach Artikeln suchen, können sich aber auch dafür entscheiden, sie durch einen Anruf bei einem Kundendienstmitarbeiter zu kaufen, anstatt online zu bestellen. Kunden können diese Option aus verschiedenen Gründen wählen. Einige Online-Händler haben möglicherweise keine Möglichkeit, den Kauf online abzuschließen, oder diese Funktionen funktionieren möglicherweise nicht richtig,

und in diesen Fällen wird der Käufer wahrscheinlich telefonisch bestellen. Es gibt jedoch Situationen, in denen ein Verbraucher den Kundendienst anrufen kann, um eine Bestellung aufzugeben, auch wenn dies online möglich ist. Dazu können Situationen gehören, in denen die Bestellung besonders komplex ist, oder Situationen, in denen der Verbraucher Fragen hat, die er vor der Bestellung beantwortet haben möchte. Online-Käufer, die auf diese Weise einen Kauf tätigen, sollten alle notwendigen Informationen zur Hand haben, bevor sie sich an den Kundendienst wenden. Diese Informationen umfassen Produktnummer, Rechnungsinformationen und Versandinformationen.

Fax- oder Postsendungen

Online-Käufer können auch per Fax oder Post an den Online-Händler bestellen. Der Verbraucher kann online nach Artikeln

suchen und sogar das Bestellformular von der Website des Online-Händlers ausdrucken. Obwohl dies nicht die häufigste Methode des Online-Shoppings ist, gibt es einige Verbraucher, die diese Methode immer noch verwenden. Ein Beispiel für die Verwendung dieser Methode ist die Möglichkeit, eine Bestellung mit einem Scheck statt mit einer Kreditkarte zu bezahlen. Für Bestellungen, die online oder bei einem Kundenbetreuer aufgegeben werden, kann eine Kreditkarte erforderlich sein. Kunden, die ein Bestellformular per Fax oder Post versenden, haben die Möglichkeit, die Bestellung mit Kreditkarte zu bezahlen, können aber auch einen Scheck verwenden. Dies ist ideal für Online-Käufer, die keine Kreditkarte besitzen oder Artikel nicht von einer Kreditkarte abbuchen möchten. Diese Methode der Bestellung bei einem Online-Händler hat zwar einige Vorteile, aber einen großen Nachteil. Dieser Nachteil besteht

darin, dass die Bearbeitung des Auftrags länger dauern kann als bei anderen Methoden. Wenn ein Kunde eine Bestellung über eine Website oder per Telefon aufgibt, wird die Bestellung in der Regel sofort bearbeitet. Wenn der Verbraucher das Bestellformular einreicht, kann es jedoch einige Tage dauern, bis es eintrifft, und kann dann zusätzliche Zeit für die Bearbeitung erfordern. Selbst Bestellungen, die gefaxt werden, können trotz schnellen Eintreffens nicht sofort bearbeitet werden.

Geben Sie eine Bestellung auf, wenn Sie online einkaufen

Es gibt eine Vielzahl von Produkten, die den Blogging-Prozess vereinfachen können. Obwohl das Bloggen kein schwieriger Prozess ist, kann es einige Aspekte des Bloggens geben, die für neue Blogger oder Blogger, die nicht viel Erfahrung im Internet haben, überwältigend sind. Diese Produkte können für den Blogger sehr vorteilhaft sein, indem sie den Designprozess vereinfachen oder dazu beitragen, den Blog für die Leser des Blogs attraktiver zu machen. In diesem Artikel werden einige der derzeit verfügbaren Produkte zur Erleichterung des Bloggens erörtert, darunter Blogging-

Softwareprogramme, Website-Design-Software und Schlüsselwortgeneratoren.

Blogging-Software-Programme

Blogging-Softwareprogramme gehören zu den offensichtlichsten Programmen, die das Bloggen leicht machen. Diese Programme sind leicht verfügbar und viele von ihnen können kostenlos genutzt werden. Blogging-Softwareprogramme können den Prozess der Veröffentlichung eines Blogs erheblich vereinfachen, insbesondere wenn der Blogger die in diesen Programmen enthaltenen Vorlagen verwendet. In einigen Fällen kann das Veröffentlichen eines Blogs nach dessen Einrichtung so einfach sein wie das Schreiben des Blog-Textes in einem Texteditor und das Drücken einer Taste zur Veröffentlichung des Blogs. Allerdings ist für die Einrichtung des Blog-Layouts einige Vorarbeit durch den Blogger erforderlich.

Sogar der Layout-Prozess wird mit diesen Programmen stark vereinfacht, vor allem wenn der Blogger sich dafür entscheidet, die Vorlagen im Programm zu verwenden. Möglicherweise muss der Blogger einfach nur durch eine Liste von Optionen blättern und diejenigen auswählen, die ihm oder ihr am attraktivsten erscheinen. Auf der Grundlage dieser Auswahl generiert die Software den Blog mit dem entsprechenden Layout, Farben, Schriftarten und sogar Werbeoptionen. Ambitioniertere Blogger können ihre Programmierkenntnisse nutzen, um diese Vorlagen anzupassen, aber das ist nicht notwendig und der Blog funktioniert auch ohne zusätzliche Anpassung gut genug.

Software für Website-Design

Website-Design-Software kann auch ein nützliches Werkzeug für neue Blogger sein, die einen ästhetisch ansprechenden und funktionalen Blog erstellen möchten. Diese Softwareprogramme ermöglichen es

Bloggern, die keine Designerfahrung haben, ein Blog mit einem einzigartigen Aussehen zu erstellen. Mit dieser Art von Software kann der Blogger durch die Optionen blättern, spontan Änderungen vornehmen, eine Vorschau der Änderungen anzeigen und sogar Fotos zur Verwendung im Blog hochladen. Wenn diese Änderungen im Software-Designprogramm vorgenommen werden, wird der Code für diese Designoptionen automatisch generiert, aktualisiert und bei Bedarf gespeichert.

Schlüsselwort-Generatoren

Blogger, die versuchen, eine große Menge an Webverkehr auf eine Website zu locken, sollten auch in Erwägung ziehen, den Schlüsselwortgenerator zu verwenden, um zu bestimmen, welche Schlüsselwörter sie in ihrem Blog verwenden sollten. Der Blogger wünscht sich vielleicht vorrangig, dass der Blog interessant und informativ ist, aber eine

vernünftige Verwendung von Schlüsselwörtern im gesamten Blog und im Blog-Code kann zu höheren Suchmaschinenplatzierungen des Blogs beitragen.

Dies ist wichtig, weil hohe Platzierungen in Suchmaschinen oft zu hohem Blog-Traffic führen. Der Grund dafür ist, dass Internetnutzer stark auf Suchmaschinen angewiesen sind, die ihnen helfen, die besten Websites zu finden, die zu bestimmten Schlüsselwörtern gehören, die bei der Suche verwendet werden.

Diese hohen Suchmaschinen-Rankings dienen im Wesentlichen als kostenlose Werbung für den Blog-Besitzer, da die Internetnutzer erwarten, dass Websites mit höheren Rankings die informativsten

EXPERTENBLOGGER

Websites sind, so dass sie wahrscheinlich eher Blogs besuchen, die bei Suchmaschinen gut platziert sind, als Blogs, die weiter unten auf den Suchergebnisseiten begraben sind.

Produkte zur Erleichterung des Bloggens

Für einige Blogger kann das Bloggen eine Menge Spaß machen, für andere ist es eine Einnahmequelle. Unabhängig davon, ob diese Einnahmen durch eine AdSense-Kampagne, bezahlte Anzeigen, Affiliate-Marketing oder eine andere Art von Einnahmequelle erzielt werden, eines der Schlüsselelemente zur Maximierung dieses Nutzens besteht darin, mehr Besucher in den Blog zu bringen. Denn je mehr Besucher der Blog erhält, desto mehr Möglichkeiten gibt es für den Blogger, Besucher dazu zu bringen, auf die Blog-Anzeigen zu klicken. Es gibt einige grundlegende Techniken, auf die sich Blogger verlassen können, um für ihr Blog zu werben und den Traffic in ihrem Blog zu erhöhen. Dieser Artikel wird einige dieser

Schlüsselkonzepte behandeln, darunter die Teilnahme an relevanten Message Boards, die Optimierung des Blogs für Suchmaschinen und die Interessantmachung des Blogs für Besucher.

Aktive Teilnahme an Message Boards

Das Posten auf Message Boards, die sich auf das Thema des Blogs beziehen, ist eigentlich eine sehr einfache Möglichkeit für Blog-Besitzer, den Verkehr auf ihr Blog zu lenken. Eine Warnung, diese Art von Werbung für den Blog zu verwenden, ist jedoch, die Regeln des Message Boards nicht zu verletzen. Dies ist wichtig, da einige Foren strenge Vorschriften für die Aufnahme von Links zu anderen Websites in das Forum haben. Die Nichteinhaltung dieser Richtlinien kann dazu führen, dass der Blogger aus dem Forum geworfen wird und andere Benutzer des Forums weniger an den Blog-Besitzer denken.

Eine weitere sorgfältige Überlegung für den Blog-Eigentümer ist es zu vermeiden, die Webadresse in seinem Blog in einer Weise zu veröffentlichen, die von anderen Nutzern des Messageboards als Spam angesehen wird. Dies ist wichtig, da es unwahrscheinlich ist, dass andere Benutzer des Messageboards das Blog besuchen, wenn sie glauben, dass der Blogbesitzer das Messageboard einfach nur spammt.

Dies kann vermieden werden, indem man den Link zum Blog in die Signatur aufnimmt und sicherstellt, dass Beiträge im Message Board informativ und von Interesse für andere Benutzer des Message Boards sind. Der Aufbau eines Rufs als nützlicher Mitwirkender am Message Board ist von Vorteil, um andere Benutzer des Message Boards zum Besuch des Blogs zu bewegen.

Optimieren Ihres Blogs

Suchmaschinenoptimierung ist ein weiterer Faktor, den auch Blog-Besitzer sorgfältig berücksichtigen sollten.

Die Suchmaschinenoptimierung des Blogs kann von Vorteil sein, da verbesserte Suchmaschinenplatzierungen oft zu einem erhöhten Blog-Traffic führen. Je nachdem, wie groß die Konkurrenz beim Blog-Thema ist, ist es nicht immer einfach, an die Spitze der Suchmaschinen-Rankings zu gelangen. Blog-Eigentümer, die ein Blog mit einem populären Thema haben, können einer starken Konkurrenz für Suchmaschinen-Rankings von anderen Blogs und Websites ausgesetzt sein, die die Mittel haben, Fachleute in der Suchmaschinen-Optimierungsbranche einzustellen, um ihnen zu hohen Rankings zu verhelfen. Es gibt jedoch einige Schritte, die der Blogger unternehmen kann, um zu versuchen, die Rangliste zu verbessern. Einige dieser

Schritte umfassen das Recherchieren und Verwenden von natürlich relevanten Schlüsselwörtern in den Blogbeiträgen, das Einfügen dieser Schlüsselwörter in den Titel, META- und Bild-Tags und das Vermeiden von Black-Hat-Optimierungstechniken, die dazu führen könnten, dass der Blog von Suchmaschinen bestraft wird.

Halten Sie Ihren Blog interessant

Schließlich ist eine der einfachsten Möglichkeiten, wie ein Blog-Besitzer dazu beitragen kann, den Verkehr in seinem Blog zu erhöhen, indem er den Blog regelmäßig aktualisiert und interessant hält. Dies ist wichtig, weil ein Blog, der interessant ist, viel eher nicht nur den Blogverkehr aufrechterhält, sondern auch neuen Verkehr generiert. Der Grund dafür ist, dass Leser, die sich für Blogeinträge interessieren, wahrscheinlich nicht nur immer wieder auf den Blog zurückkommen, sondern ihn auch anderen Mitgliedern der Zielgruppe empfehlen werden. Diese Art der Mund-zu-Mund-Werbung kann sehr vorteilhaft sein, da diejenigen, die sich für den Inhalt eines bestimmten Blogs interessieren, oft auch Freunde haben, die sich ebenfalls für den Blog interessieren würden. Sobald ein Blogbesitzer ein Blog einem oder mehreren Freunden empfiehlt, ist es wahrscheinlich, dass diese neuen Blogbesucher es auch anderen empfehlen, wenn sie es interessant, nützlich oder anderweitig lohnend finden.

Werbung für Ihr Blog

Ein Blog aktuell zu halten ist einer der wichtigsten Aspekte des Bloggens. Dies ist sehr wichtig, da regelmäßige Besucher des Blogs regelmäßig neue Beiträge erwarten. Nicht alle Besucher erwarten, einen neuen Beitrag so oft wie einmal am Tag zu sehen, aber die meisten Blog-Leser erwarten, dass der Blog-Inhalt regelmäßig aktualisiert wird. In den meisten Fällen erwarten die Besucher mindestens wöchentlich neue Inhalte. Je nach Thema können Besucher jedoch häufigere Aktualisierungen erwarten. Ebenso sind Besucher möglicherweise nicht daran interessiert, diese Art von Informationen mehr als ein paar Mal im Jahr zu erhalten. Blog-Besitzer sollten sich der Häufigkeit bewusst sein, mit der die Leser neue Beiträge erwarten, und sollten sich bemühen, die Leser so oft wie möglich zu Aktualisierungen

zu zwingen. In diesem Artikel werden Methoden besprochen, wie ein Blog auf dem neuesten Stand gehalten werden kann, einschließlich der Planung eines regelmäßigen Zeitplans für das Bloggen, des klugen Einsatzes von Veröffentlichungswerkzeugen und der Einstellung von Gast-Bloggern, wenn nötig.

Täglich Zeit finden, um zu publizieren

Eine Möglichkeit, sicherzustellen, dass ein Blog aktuell bleibt, besteht darin, einen täglichen Zeitplan für Blog-Postings festzulegen. Dies ist besonders wichtig, wenn Blog-Leser täglich oder zumindest mehrmals pro Woche neue Beiträge erwarten. Blogger, die jeden Tag einen bestimmten Zeitblock zum Recherchieren, Schreiben und Posten von Blogs einplanen, haben mit größerer Wahrscheinlichkeit ein aktuelles Blog als Blogger, die planen, Aufgaben zu erledigen, wenn sie dafür Zeit finden. Es kann immer noch Tage geben, an denen der Blogger keinen neuen Blog-Beitrag veröffentlichen kann, aber diese Tage werden weniger häufig vorkommen, als wenn der Blogger nicht über einen Zeitblock verfügt, der ausschließlich der Aktualisierung des Blogs gewidmet ist.

An Tagen, an denen der Blogger keine Zeit zum Bloggen hat, sollte er zumindest eine kurze Nachricht veröffentlichen, in der er erklärt, warum ein neuer Blogeintrag nicht möglich war.

Auf diese Weise können Sie den Lesern mitteilen, dass Sie sich ihres Wunsches bewusst sind, mehr Informationen zu lesen, aber einfach keinen neuen Blog-Eintrag veröffentlichen können. Solange dies nicht alltäglich wird, ist es unwahrscheinlich, dass Besucher des Blogs einen Blog nicht mehr sehen, nur weil der Blogger ein oder zwei Tage auslässt.

Nutzung von Publishing-Tools

Einige Blog-Publishing-Tools ermöglichen es Bloggern, Blog-Beiträge im Voraus zu schreiben und anzugeben, wann jeder Beitrag veröffentlicht werden soll. Dies ist ein großartiges Feature für Blogger, die täglich neue Einträge veröffentlichen möchten, aber nicht jeden Tag Zeit haben, um Blog-Einträge zu schreiben. Auf diese Weise kann der Blogger jede Woche einen Zeitblock mit dem Schreiben von Blog-Beiträgen verbringen und diese die ganze Woche über posten. Für viele Blogger ist dies oft eine einfachere Methode, weil sie auf diese Weise effizienter sein können.

Einstellung von Gast-Bloggern

Blogger können auch erwägen, Gast-Blogger einzustellen, die ihnen helfen, einen Blog auf dem neuesten Stand zu halten. Dies kann eine wertvolle Methode für Blogger sein, die nicht nur Schwierigkeiten haben, ihren Blog auf dem neuesten Stand zu halten, sondern auch daran interessiert sind, den Lesern ein wenig Abwechslung zu bieten. Blog-Besitzer, die diesen Ansatz wählen, um ihren Blog auf dem neuesten Stand zu halten, sollten jedoch sorgfältig überlegen, wie engagierte Leser auf diese Änderung reagieren werden. Dies ist wichtig, weil einige Leser möglicherweise nicht daran interessiert sind, Blogs zu lesen, die von einem Gast-Blogger geschrieben wurden.

Daher kann die Verwendung eines Gast-Bloggers für den Blog schädlicher sein, als ihn nicht regelmäßig zu aktualisieren. Blogger können die Reaktion der Leser auf den Einsatz von Gast-Bloggern auf zwei verschiedene Arten messen. Die einfachste und direkteste Methode ist die Befragung der Leser über ihre Nutzung von Gast-Bloggern. Dies kann geschehen, indem die Leser gebeten werden, zum Thema Stellung zu nehmen, und indem die eingegangenen

Kommentare tabellarisch aufgelistet werden. Eine andere Methode zur Messung der Leserreaktion besteht darin, einen Gast-Blogger vorzustellen und den Verkehr, den der Gast-Blogger erhält, mit dem Verkehr zu vergleichen, den der Blog-Besitzer erhält.

Tipps, um Ihr Blog auf dem neuesten Stand zu halten

Ein Blog auf dem neuesten Stand zu halten, ist einer der wichtigsten Aspekte des Bloggens. Dies ist sehr wichtig, da regelmäßige Blogbesucher regelmäßig neue Beiträge erwarten. Nicht alle Besucher erwarten einen neuen Beitrag so oft wie einmal am Tag, aber die meisten Blog-Leser erwarten, dass der Blog-Inhalt regelmäßig aktualisiert wird. In den meisten Fällen erwarten Besucher mindestens wöchentlich neue Inhalte. Je nach Thema können Besucher jedoch häufiger mit Updates rechnen. Ebenso sind Besucher möglicherweise nicht daran interessiert , diese Art von Informationen mehr als einige

Male im Jahr zu erhalten. Blogbesitzer sollten sich der Häufigkeit bewusst sein, mit der Leser neue Beiträge erwarten, und sich bemühen, die Leser so oft mit Updates zu zwingen. In diesem Artikel werden Methoden beschrieben, um ein Blog auf dem neuesten Stand zu halten, einschließlich der Planung regelmäßiger Blogging-Stunden, der intelligenten Verwendung von Blogging-Tools und der Einstellung von Gast-Bloggern bei Bedarf.

Finde Zeit zum täglichen Posten

Eine Möglichkeit, um sicherzustellen, dass ein Blog auf dem neuesten Stand bleibt, besteht darin, eine Zeit für das tägliche Bloggen festzulegen. Dies ist besonders wichtig, wenn Blog-Leser täglich oder mindestens mehrmals pro Woche neue Beiträge erwarten . Blogger, die jeden Tag einen bestimmten Zeitblock für die Recherche, das Schreiben und die Veröffentlichung von Blogs zuweisen, verfügen mit größerer Wahrscheinlichkeit über ein aktualisiertes Blog als Blogger, die Aufgaben ausführen möchten, wenn sie Zeit dafür finden. Es kann noch Tage geben, an denen der Blogger keinen neuen Blog-Beitrag veröffentlichen kann, aber diese Tage sind seltener als wenn der Blogger keinen streng festgelegten Zeitblock hat, um das Blog auf dem neuesten Stand zu halten.

An Tagen, an denen das Blog keine Zeit mit Bloggen verbringen kann, möchte der Blogger möglicherweise zumindest eine kurze Nachricht veröffentlichen, in der erläutert wird, warum es nicht möglich war, einen neuen Blogbeitrag zu veröffentlichen. Dadurch werden die Leser darauf hingewiesen, dass Sie sich Ihres Wunsches bewusst sind, weitere Informationen zu lesen, aber Sie können einfach keinen neuen Blog-Beitrag veröffentlichen. Solange dies nicht alltäglich ist, ist es unwahrscheinlich, dass Blog- Besucher die Anzeige eines Blogs

beenden, nur weil der Blogger ein oder zwei Tage überspringt.

Nutzung von Publishing-Tools

Mit einigen Blog-Veröffentlichungstools können Blogger Blog-Beiträge im Voraus schreiben und angeben, wann jeder Beitrag veröffentlicht werden soll. Dies ist eine hervorragende Funktion für Blogger, die täglich neue Beiträge veröffentlichen möchten, aber nicht jeden Tag Zeit damit verbringen können, Blog-Beiträge zu schreiben.

Auf diese Weise kann der Blogger jede Woche einen bestimmten Zeitraum damit verbringen, Blog-Beiträge zu schreiben und diese die ganze Woche über zu veröffentlichen. Dies ist für viele Blogger oft eine einfachere Methode, da sie auf diese Weise effizienter sein können.

Gastblogger einstellen

Blogger können auch in Betracht ziehen, Gast-Blogger einzustellen, um ein Blog auf dem neuesten Stand zu halten. Dies kann eine wertvolle Methode für Blogger sein, die nicht nur Schwierigkeiten haben, ihr Blog auf dem neuesten Stand zu halten, sondern auch daran interessiert sind , den Lesern ein wenig Abwechslung zu bieten. Blogbesitzer, die diese Nachricht auswählen, um ihr Blog auf dem neuesten Stand zu halten, sollten jedoch sorgfältig überlegen, wie engagierte Leser auf diese Änderung reagieren. Dies ist wichtig, da einige Leser möglicherweise nicht daran interessiert sind , Blogs zu lesen, die von einem Gastblogger geschrieben wurden. Daher kann die Verwendung eines Gast-Bloggers für das Blog schädlicher sein, als es nicht regelmäßig zu aktualisieren. Blogger können die Reaktion der Leser auf den

Einsatz von Gast-Bloggern auf zwei verschiedene Arten messen. Die einfachste und direkteste Methode besteht darin, die Leser über die Verwendung von Gast-Bloggern zu befragen. Dies kann erreicht werden, indem die Leser gebeten werden, das Thema zu kommentieren und die eingegangenen Kommentare zu tabellieren. Eine andere Methode zur Messung der Leserreaktion besteht darin, einen Gast-Blogger vorzustellen und den Verkehr, den der Gast-Blogger erhält, mit dem Verkehr zu vergleichen, den der Blog-Besitzer erhält.

Verwendung von Gast-Bloggern

Besitzer eines erfolgreichen Blogs, das viele Anhänger hat, haben manchmal das Bedürfnis, Gast-Blogger einzusetzen. Ein Beispiel dafür, wann diese Praxis eine gute Idee sein könnte, ist, wenn der Eigentümer eines beliebten Blogs für einen längeren Zeitraum nicht zur Verfügung steht, um neue Blog-Einträge zu veröffentlichen. In diesem Fall kann das Fehlen von Blog-Updates dazu führen, dass das Blog an Traffic verliert. Daher wäre es ratsam, dass der Blog-Besitzer dafür sorgt, dass ein Gast-Blogger oder eine Reihe von Gast-Bloggern während seiner oder ihrer Abwesenheit neue Artikel veröffentlichen. Der Blogger kann auch die Absicht ankündigen, während dieses Zeitraums Gast-Blogger einzusetzen, um

sicherzustellen, dass loyale Besucher des Blogs sich der Situation bewusst sind und dass sie nur vorübergehend ist. In diesem Artikel werden Aspekte der Nutzung von Gast-Bloggern erörtert, einschließlich der Werbung für Gast-Blogger, der Auswahl von Gast-Bloggern und der Entschädigung von Gast-Bloggern.

Werbung für Gast-Blogger

Es gibt mehrere Orte, an denen ein Blog-Besitzer für Gast-Blogger werben kann. Jobbörsen speziell für Blogger oder freiberufliche Autoren sind eine ausgezeichnete Möglichkeit, Gast-Blogger zu finden. Jobbörsen für Blogger werden häufig von erfahrenen Bloggern besucht, die nach neuen Möglichkeiten suchen, gegen eine Vergütung zu bloggen. Diese Blogger können spezifische Erfahrungen mit dem Thema des Blogs haben oder einfach Experten im Erstellen interessanter Blogs zu einer Vielzahl von Themen sein. Jobbörsen für freiberufliche Schriftsteller sind eine weitere großartige Option. Diese Autoren haben vielleicht nicht unbedingt Blogging-Erfahrung, aber sie haben vielleicht andere nützliche Erfahrungen im Schreiben. Blog-Besitzer sollten erwägen, eine detaillierte Nachricht zu veröffentlichen, in der die Art der erforderlichen Arbeit und die Länge des Projekts spezifiziert werden, und nach Clips der Autoren fragen, anhand derer sich der Kenntnisstand des Autors überprüfen lässt.

Blog-Eigentümer möchten möglicherweise auch auf Message Boards, die mit dem Blog-Thema in Zusammenhang stehen, für Gast-Blogger werben. Besucher dieses Blogs haben vielleicht nicht unbedingt Erfahrung im Schreiben, aber sie sind wahrscheinlich recht gut mit dem Thema des Blogs vertraut und daher in der Lage, interessante und aufschlussreiche Blogs zu erstellen.

Auswahl von Gast-Bloggern

Die Auswahl eines Gast-Bloggers sollte mit Sorgfalt erfolgen, um sicherzustellen, dass der Gast-Blogger zuverlässig und in der Lage ist, artikulierte, informative und interessante Blog-Beiträge zu verfassen. Blog-Eigentümer, die in den Blogger- und Freiberufler-Jobbörsen für einen Gast-Blogger werben, sollten Clips anfordern, die die Fähigkeit des Verfassers demonstrieren, Blogs zu schreiben, die interessant und informativ sind. Wenn auf einem Message Board für einen Gast-Blogger geworben wird, kann der Blog-Eigentümer in Erwägung ziehen, die früheren Postings des Antragstellers zu verwenden, um seine Schreibfähigkeit und sein Wissen über das Thema zu beurteilen. Er oder sie sollte auch die Art der Antwort berücksichtigen, die die Postings des Antragstellers im Message Board typischerweise hervorrufen. Dies ist wichtig, weil es ein guter Indikator für die Art der Reaktion ist, die Blogs erzeugen werden.

Blog-Besitzer sollten die Bewerber auch nach Referenzen fragen und sich an diese Referenzen wenden, um Informationen über die Arbeitsmoral der Blogger und ihre Fähigkeit, Projekte abzuschließen, zu erhalten.

Entschädigung für Gast-Blogger

Blog-Besitzer sollten auch sorgfältig überlegen, wie sie Gast-Blogger entschädigen wollen. Dies kann in Form einer finanziellen Entschädigung geschehen oder dadurch, dass der Gast-Blogger am Ende des Blogeintrags eine Kurzbiografie mit einem Link zu seiner Website oder seinem persönlichen Blog veröffentlichen darf. Die letztere Form der Entschädigung besteht im Wesentlichen aus kostenlosem Werbeplatz für den Gast-Blogger. Möglicherweise möchte der Blog-Eigentümer den Gast-Blogger auch mit einer Kombination aus Geld und kostenlosem Werbeplatz entschädigen. Unabhängig von der

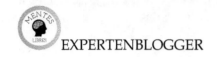

gewählten Entschädigungsmethode sollte der Blog-Eigentümer dies vor Beginn der Arbeiten mit dem Gast-Blogger besprechen und einen schriftlichen Vertrag mit dem Gast-Blogger unterzeichnen, in dem die Bedingungen der Entschädigung ausdrücklich festgelegt sind, um Streitigkeiten zu vermeiden.

Wenn andere Ihr Blog nicht gutheißen

Unabhängig vom Thema eines Blogs sehen sich alle Blogger mit dem Potenzial von Situationen konfrontiert, in denen andere ihren Blog nicht gutheißen. Während diese Art der Reaktion bei Blogs, die sich auf politische oder kontroverse Themen konzentrieren, beliebt ist, können Blogger, die ein persönliches Blog führen, auch auf die Missbilligung derjenigen stoßen, die mit den Lebensentscheidungen der Blogger nicht einverstanden sind. In diesem Artikel werden Themen wie der Umgang mit negativen Kommentaren in einem Blog, der Umgang mit Kritik von Freunden und Familie sowie Situationen erörtert, in denen

Blogs rechtliche Probleme für den Blogger verursachen können.

Umgang mit negativen Kommentaren in Ihrem Blog

Negative Kommentare, die in einem Blog veröffentlicht werden, sind eine der häufigsten Formen der Missbilligung, die ein Blog erhalten kann. Diese Kommentare können als Antwort auf einen bestimmten Blog-Beitrag oder als Einspruch gegen den Blog im Allgemeinen gepostet werden.

Diese negativen Kommentare können für den Blogger sehr ärgerlich sein, aber glücklicherweise gibt es einige Methoden, mit diesen Kommentaren umzugehen.

Blogger, die befürchten, dass negative Kommentare andere Leser des Blogs beeinflussen könnten, haben einige Möglichkeiten, mit diesen negativen Kommentaren umzugehen. Eine Möglichkeit dazu besteht darin, den Blog so einzurichten, dass keine Kommentare erlaubt sind. Dadurch werden die Kommentare effektiv entfernt, aber es werden auch die Kommentare der Unterstützer des Blogs entfernt. Eine weitere Möglichkeit, die ein Blogger hat, besteht darin, negative Kommentare einfach zu entfernen, sobald sie gefunden werden. Dies ist keine sehr effektive Methode, da andere Leser Zeit haben könnten, die Kommentare zu lesen, bevor sie entfernt werden. Blogger, die häufig online sind und sich nicht um negative Kommentare kümmern, die für einen kurzen Zeitraum im Blog erscheinen, können diese Methode verwenden. Eine weitere Methode, mit negativen

Kommentaren umzugehen, besteht darin, diese Kommentare im Blog zu widerlegen. Schließlich haben Blogger oft die Möglichkeit, Besuchern, die negative Kommentare hinterlassen, die Abgabe künftiger Kommentare zu untersagen.

Umgang mit Kritik von Freunden und Familie

Blogger können auch von Freunden und Familie für den Inhalt ihrer Blogs kritisiert werden. Freunde und Familienangehörige können den Kommentarbereich nicht nutzen, um ihre Missbilligung zum Ausdruck zu bringen, aber sie können ihre Bedenken direkt an den Blogger persönlich, telefonisch oder per E-Mail äußern. Dies kann für Blogger eine schwierige Situation sein, da sie möglicherweise hin- und hergerissen sind

zwischen der Anpassung des Blogs an ihre Vision und der Zufriedenheit ihrer Freunde und Familie. In vielen Fällen haben Freunde und Familienmitglieder Einwände gegen ein Blog, weil sie glauben, dass es für den Blogger potenziell schädlich sein könnte, oder weil sie besorgt darüber sind, wie das Blog über sie reflektieren wird. In diesen heiklen Situationen hat der Blogger die Möglichkeit, den Blog zu entfernen oder zu modifizieren oder mit Freunden und Familie zu sprechen, um ihre Gefühle zu erklären, ohne Änderungen am Blog vorzunehmen.

Wenn Blogs rechtliche Probleme verursachen können

Blogger sollten sich bewusst sein, dass es einige Situationen gibt, in denen ihr Blog rechtliche Probleme verursachen kann. Wenn falsche und verleumderische Aussagen über eine andere Person gemacht werden, kann dies dazu führen, dass das Blog-Thema Vergeltung für Verleumdung sucht. Auch andere Blog-Postings können sich aus einer Vielzahl anderer Gründe als illegal erweisen. Blogger können davon ausgehen, dass die Gesetze zur Meinungsfreiheit sie vollständig schützen, aber es kann Situationen geben, in denen Aussagen in einem Blog nicht durch die Gesetze zur Meinungsfreiheit geschützt sind und der Blogger rechtliche Konsequenzen für seine Beiträge zu befürchten hat. Blogs, die das Urheberrecht eines anderen verletzen, können auch rechtliche Probleme verursachen.

Haben Sie Erfolg bei Ihrem Vorhaben! Werden Sie ein **EXPERTENBLOGGER!**

 EXPERTENBLOGGER

Besuchen Sie unsere Website! Holen Sie sich weitere Bücher von MENTES LIBRES!

https://www.amazon.de/MENTES-LIBRES/e/B08274DDV4?ref_=dbs_p_ebk_r0 0_abau_000000

Wenn Sie möchten, können Sie Ihren Kommentar zu diesem Buch hinterlassen, indem Sie auf den folgenden Link klicken, damit wir uns weiter entwickeln können! Vielen Dank für Ihren Kauf!

https://www.amazon.de/dp/B0893NP1WB